Lilo Günzler

Endlich reden

W0317864

Lilo Günzler, Endlich reden
In Zusammenarbeit mit Agnes Rummeleit

ISBN 978-3-96320-056-4

© 2009 Henrich Editionen

5. Auflage 2021

Alle Rechte vorbehalten.
Das Werk einschließlich seiner Teile ist urheberrechtlich geschützt.
Jede Verwertung außerhalb der engen Grenzen des Urheberrechtsgesetztes ist ohne Zustimmung des Verlages unzulässig und strafbar.
Das gilt insbesondere für Kopien, Einspeicherung und Verarbeitung in elektronischen Systemen.

Layout und Satz: Henrich Druck + Medien, Frankfurt am Main
Umschlaggestaltung: Wolfram Zeckai, Designgruppe Fanz & Neumayer

Gedruckt auf Recyclingpapier – FSC-zertifiziert

www.henrich-editionen.de

Lilo Günzler

Endlich reden

In Zusammenarbeit mit Agnes Rummeleit ist
aus meinen Aufzeichnungen und vielen
intensiven Gesprächen diese Biografie entstanden.

Ich danke Agnes Rummeleit für ihre Hilfe
beim Aufarbeiten meiner Kindheit.
Für ihr Zuhören, ihre Fragen und die vielen Stunden,
die sie am Schreibtisch verbracht hat.

Henrich Editionen

Inhaltsverzeichnis

Vorwort

Lilo Günzler? Ja, die kenne ich gut. Das ist die, die 23 Jahre lang an der Minna-Specht-Schule unterrichtete, die Chefin des Theaterkreises St. Mauritius, die jahrelang im Pfarrgemeinderat tätig war, die jeden Sonntag in die Kirche geht, die 1. Vorsitzende des Heimat- und Geschichtsvereins, und, und, und. Das ist die nette kleine Frau, die immer zu Fuß unterwegs ist, die kennt doch jeder in Schwanheim. Kennt sie wirklich jeder?

Ich lernte sie kennen, als meine Tochter 1990 in dem von ihr geschriebenen Heimatstück „En Dokter fer Schwanem" das Kind „Mariechen" spielte. Danach sahen wir uns ein-, zweimal im Jahr im Theaterkreis. Bis ich 1994 wieder in den Frankfurter Stadtteil Schwanheim zog, war das unser einziger Kontakt. Drei Jahre später kam ich als Kassiererin in den Vorstand des Heimat- und Geschichtsvereins Schwanheim. Immer öfter unterhielt ich mich nun mit Lilo. Nicht nur über die Vereinsarbeit, sondern auch über ihr bisheriges Leben, die Familie, die Enkel. Manchmal schwärmte sie vom alten Frankfurt, wo sie vor dem Zweiten Weltkrieg gewohnt hatte.

Im Jahr 2000 bot unsere katholische Pfarrgemeinde eine Reise nach Israel an. Der Einzelzimmer-Zuschlag für diese Tour war sehr hoch. Ich nahm allen Mut zusammen und fragte Lilo, ob sie sich vorstellen könne, ein Doppelzimmer mit mir zu teilen. Sie lächelte verschmitzt: „Wenn du mein Schnarchen ertragen willst, soll es mir recht sein." „Na, so schlimm wird es nicht werden. Bestimmt haben wir viel Spaß zusammen. Ich bin sicher, das wird eine sehr eindrucksvolle Reise." Als ich diesen Satz so leicht dahin sagte, ahnte ich nicht, wie beeindruckend diese Reise für mich werden sollte.

Wir hatten uns gut vorbereitet, kannten alle Mitreisenden aus der Gemeinde und starteten frohgelaunt am 6. März 2000 nach Israel.

Es war eine außergewöhnliche Tour, schon in den ersten Tagen erlebten wir unglaublich viel.

Lilo und ich verstanden uns prächtig. Abends ließen wir die Ereignisse des vergangenen Tages noch einmal Revue passieren und ich schrieb alles in unser Reisetagebuch. So auch am ersten Abend in Jerusalem. „Für heute bin ich fertig. Morgen gehen wir an die Klagemauer. Ich bin sehr gespannt darauf. Das wird bestimmt ein ganz besonderes Erlebnis werden." Lilo saß auf ihrer Bettkante und gab keine Antwort. „Lilo, was ist los, fühlst du dich nicht wohl?" Ich konnte ihr Gesicht nur von der Seite sehen. Sie schaute mit ernster Miene auf einen zusammengefalteten Zettel in ihrer Hand. „Hast du heute auch aufgeschrieben? Lilo, warum sagst du nichts?" „Ich denke an morgen. Morgen werde ich diesen Brief in die Klagemauer stecken." „In die Klagemauer! Aber das geht nicht, das ist für uns nicht erlaubt. Lilo, nur Juden dürfen Zettel mit Gebeten oder Bitten in die Klagemauer stecken." Plötzlich herrschte eine bedrückende Stille im Raum. Lilo blickte immer noch auf den Brief in ihrer Hand, atmete deutlich hörbar ein und sagte dann mit ruhiger, fester Stimme: „Diesen Brief werde ich für meine Mutter Ria in die Mauer stecken." „Für deine Mutter?" entfuhr es mir. „Ja, für meine Mutter, sie war Jüdin." Ich saß wie erstarrt da und brachte kein Wort heraus. Lilo, unsere gut katholische Lilo hatte eine jüdische Mutter. „Möchtest du mir dazu was sagen, ich wusste gar nicht ..." Weiter kam ich nicht. „Nein, darüber will ich nicht sprechen, vielleicht später einmal." Ihr Tonfall duldete keine weitere Frage.

Ich lag an diesem Abend noch lange wach. Ist Lilo demnach auch Jüdin, was war mit dem Vater? Sie hatte nur von ihrer Mutter gesprochen. Auf jeden Fall ist sie das Kind einer Jüdin. Wieso ist sie dann katholisch, oder ist sie es vielleicht gar nicht?

Auf der Fahrt zur Klagemauer redeten und lachten unsere Mitreisenden wie immer. Nur wir beide waren bemerkenswert still. An der

Klagemauer herrschte reges Treiben, und im Nu hatte sich unsere Gruppe verteilt. Ich ging mit Lilo auf die Frauenseite, wir sprachen kein Wort. Ich sehe heute noch das Bild vor mir, wie sie Schritt für Schritt, langsam, so als würde sie sich jeden Schritt überlegen, ganz bedächtig auf die Klagemauer zuging. Ich hatte nur Lilo im Blick, wie sie klein, aber energisch zwischen den vielen Menschen zur Klagemauer schritt. Sie blieb kurz an der Mauer stehen, steckte den Zettel in einen Mauerritz und kam vorsichtig rückwärts gehend zurück. Als sie wieder bei mir war, drehte sie sich um und sagte leise: „Ich denke, es hätte ihr gefallen.“ „Warum bist du rückwärts gegangen, Lilo?“ „Das tun Juden so.“ „Aber du bist keine Jüdin.“ „Aber eine Halbjüdin – ein *Mischling ersten Grades*.“

Erst fünf Jahre später sprach Lilo wieder mit mir über das Thema. Sie war sich nicht sicher, ob sie bei einer Gedenkfeier zum 60. Jahrestag des Kriegsendes in unserer Gemeinde über ihr Leben sprechen sollte. „Willst du das, kannst du das, nach so langer Zeit? Möchtest du jetzt mit mir darüber sprechen?“ Langsam erzählte sie mir kleine Abschnitte ihres Lebens. Ich fragte immer weiter nach, und sie vertraute mir immer mehr an.

Nach der Gedenkfeier in der Gemeinde wurde sie von der Anne-Frank-Stiftung angesprochen, als Zeitzeugin über ihr Leben vor Schulklassen zu sprechen. Nach dem ersten Gespräch begann der Damm allmählich einzubrechen. Immer häufiger wurde sie zu Zeitzeugengesprächen eingeladen. Erst ein Jahr später durfte ich sie zu einem Gespräch begleiten. Schon nach wenigen Minuten saßen die Jugendlichen wie angewurzelt auf ihren Stühlen und lauschten dieser kleinen Frau, die mit klarer Stimme von den schrecklichen Erlebnissen ihrer Kindheit berichtete. Einige kämpften mit den Tränen, und auch mir, die ich diese Ereignisse immer wieder mit Lilo durchgesprochen hatte, saß ein Kloß im Hals. Wiederholt schlug ich ihr vor, ihre Lebensgeschichte niederzuschreiben, aber sie wehrte ab.

Eines Tages im Frühjahr 2008 brachte Lilo mir die Vereinspost. Wir setzten uns gemütlich an den Tisch, redeten über den Verein und sie berichtete mir die Neuigkeiten aus Schwanheim. Plötzlich hielt Lilo mitten im Satz inne. „Ich würde gerne mein Leben aufschreiben." „Ist das dein Ernst?" Ich war verblüfft. „Ja, Agnes, wenn du mir dabei hilfst." Ich schaute sie an und antwortete spontan: „Ja, ja, Lilo, ich helfe dir!"

30. Januar 1933	*Reichspräsident Hindenburg ernennt Adolf Hitler zum Reichskanzler*
01. April 1933	*Erster Boykott gegen jüdische Geschäfte*
15. September 1935	*Die „Nürnberger Gesetze" stellen die rechtliche Grundlage zur jüdischen Diskriminierung*

Ein friedliches Zuhause

Frankfurt am Main, Wollgraben 10

„Helmut, Liselotte zieht eure Schuhe an, es wird Zeit." Seit einigen Wochen durfte ich mitgehen, wenn Mama meinen 1 ½ Jahre älteren Bruder Helmut in den Kindergarten brachte. Ich wartete sehnsüchtig darauf, selbst in diesen Kindergarten zu gehen. Der Weg war nicht weit. Von unserer Wohnung im Wollgraben, über den Börneplatz, links an der Fronhofstraße vorbei, in die Dominikanergasse zum Kompostellhof. In diesem ehemals jüdischen Andachtsraum war der Katholische Kindergarten der Frankfurter Domgemeinde untergebracht.

Gleich am Eingang hatte ich in einer kleinen Kammer ein Spielzeugparadies entdeckt, das Kinderherzen höher schlagen ließ. Da die Tür meistens offen stand, war ich einmal unbemerkt hineingeschlüpft. Puppen lagen in Puppenwagen mit geblümten Kissen und spitzenverzierten Zudecken, es gab Teddybären, eine Puppenküche mit vielen kleinen Töpfen und winzigem Geschirr, hölzerne Pferdchen mit Wagen, und in einer Ecke stand sogar ein großes Schaukelpferd. Staunend betrachtete ich die wunderschönen Sachen, von denen ich zu Hause nur träumen konnte. Nie hätte ich mich getraut, die anzufassen. Doch wenn ich erst selbst im Kindergarten sein würde, dürfte ich bestimmt hineingehen und mir ein Spielzeug aussuchen. In Gedanken saß ich auf dem Schaukelpferd, hatte einen Teddybären im Arm und träumte davon, in der

Boykottaufruf gegen jüdische Geschäfte, 1933

kleinen Küche etwas für Teddy und meine Puppe Heidi zu kochen. Es war wie im Schlaraffenland. „Liselotte, hör auf zu träumen, du willst doch mitgehen." Mama holte mich aus meinen Gedanken zurück. Sie hatte schon die Wohnungstür geöffnet. Rasch lief ich hinter ihr und Helmut her.

Der unverwechselbare Geruch von frisch gebackenem Brot kam mir entgegen. Im Erdgeschoss war die Bäckerei der Familie Neubauer, der das Haus gehörte. Der Duft erfüllte das ganze Treppenhaus. Er zog bis zum vierten Stock, in unsere schöne, helle Dreizimmerwohnung. Noch heute verbinde ich den Geruch von frischem Brot und Brötchen mit meiner Kindheit im Wollgraben.

Im Frühjahr 1933, einige Monate nach meiner Geburt, waren meine Eltern mit Helmut und mir in den Wollgraben 10 in eines der Häuser auf der östlichen Seite der Straße eingezogen. Die um 1830 erbauten fünfstöckigen Häuser im klassizistischen Stil hatten einfache, schmucklose Fassaden, große, zweiflügelige Fenster und galten in jener Zeit als modernste Wohnbauten Frankfurts. Ganz anders die Häuser auf der westlichen, stadteinwärts gelegenen Seite. Sie waren fast 100 Jahre älter, unterschiedlich groß, hatten kleine Fenster, graue, verschmutzte Wände, winzige Dachgauben. Ständig wurde an irgendeinem gearbeitet. Eines aber hatten beide Straßenseiten gemeinsam: Im Parterre waren kleine Geschäfte, in denen die Bewohner alles einkaufen konnten, was sie zum täglichen Leben benötigten. In dieser Straße mitten im Herzen von Frankfurt kannte jeder jeden.

Meine Mutter arbeitete stundenweise bei der Bäckerfamilie Neubauer, versorgte deren Haushalt und die Wäsche, bügelte, putzte und kümmerte sich um die Kinder. Vermutlich war das auch der Grund dafür, dass wir die Wohnung im Haus bekommen hatten, denn eigentlich konnten sich meine Eltern eine so schöne, große Wohnung nicht leisten. Sie und „die Neubauern", wie Mama sie nannte, hatten ein sehr gutes Verhältnis zueinander. Alle Zimmer der Wohnung waren durch Türen miteinander verbunden, was uns Kinder zu „Rundläufen" verführte. Mama sah das nicht gerne, aber Papa schmunzelte nur und ließ uns unseren Spaß. Unser Leben spielte sich fast ausschließlich in der geräumigen Küche mit dem Fenster zum Hof ab. Am großen Holztisch wurde gegessen, gespielt, gebügelt, Papa las seine Zeitung oder bastelte mit uns. Später, als wir zur Schule gingen, brüteten wir hier über unseren Hausaufgaben. Der braune Küchenschrank beherrschte die Wand gleich neben der Tür zur guten Stube. Oben hatte er vier Türen. Hinter den beiden mittleren mit Glasscheiben und kleinen Gardinen standen das Zwiebelmuster-Geschirr, ein paar Gläser und die großen Tassen, in denen Mama das Geld für Miete, Lebensmittel, Kleidung und die Groschen für den Gaszähler aufbewahrte. Darunter war rechts und links jeweils ein kleines Fach mit einer Schnapptür für Lebensmittel. Wenn wir Kinder manchmal etwas Zucker naschten, versuchten wir, diese Tür so leise wie möglich zu öffnen, aber das Schnappgeräusch verriet uns fast immer. Dazwischen auf der freien Fläche stand auf einem gehäkelten Deckchen unser Brotkasten aus weißem Email.

Bevor Mama das Mittagessen kochen konnte, musste sie immer erst eine Münze in den Gaszähler werfen, damit für einige Zeit Gas aus der Leitung strömte. Einmal im Monat kam der Gasmann, um die Groschen aus dem Automaten abzuholen. Mit einem großen Schlüssel öffnete er den Zähler im Flur und schüttete die Münzen in einen Ledersack. Oft wechselte Mama dann bei ihm wieder zwei, drei Mark in Groschen, damit immer genügend Kleingeld für den Zähler in der entsprechenden Tasse lag. Im Winter gingen wir sparsam mit dem Gas um. Dann wurde schon frühmorgens der Küchenherd angefeuert. Er sorgte nicht nur für gemütliche Wärme, auch das Essen wurde auf dem Herd zubereitet und immer war warmes Wasser im „Schiff", einem Behälter, in dem sich das Wasser durch die Herdwärme erhitzte. Nur in der Küche war es warm, alle anderen Räume blieben kalt. Morgens waren oft Eisblumen an den Fensterscheiben. Der Wasserstein aus rotem Sandstein in der Ecke neben dem Fenster stammte bestimmt noch aus der Zeit, als das Haus gebaut wurde. Jede Woche schrubbte Papa ihn mit einer großen Wurzelbürste sauber.

Die Stube neben der Küche nutzten wir nur zu Weihnachten oder wenn Besuch kam. Möbliert war sie mit einem Holztisch und vier Stühlen, in der einen Ecke stand ein einfaches Vertiko und in der anderen ein kleiner Ofen, der nur Weihnachten angeheizt wurde. Durch die Stube ging es in das zur Straßenseite gelegene Kinderzimmer. Mein Bruder Helmut und ich hatten jeder ein weißes, eisernes Kinderbett, einen Holzstuhl, auf den wir abends unsere Kleider legten, und einen gemeinsamen Kleiderschrank, in dem im unteren Bereich auch unsere Spielsachen untergebracht waren. Über unseren Betten hing ein Bild mit zwei Engeln. Sie hatten große weiße Flügel und hielten jeder eine weiße Lilie in der Hand. „Das sind eure Schutzengel, die behüten euch, wenn ihr schlaft", hatte Frau Neubauer gesagt, als sie uns das Bild schenkte. Meine Puppe Heidi saß auf meinem Kopfkissen. Ich liebte es, mich mit ihr ins Federbett zu kuscheln, das immer mit der gleichen Bettwäsche – weiß mit blauen Blümchen – bezogen war. Gelegentlich spielten Helmut und ich in unserem Kinderzimmer, entweder gemeinsam mit den Bauklötzchen oder jeder für sich. Helmut bastelte mit seinem Metallbaukasten. Ich spielte mit meiner Puppe Heidi, die genau wie wir ein kleines Eisenbettchen, verschiedene Kleidchen und sogar einen Mantel hatte. Herr Aulbach, der im zweiten Stock wohnte, war Schneider und hatte mir einen Wintermantel mit Kapuze aus braunem Pepitastoff genäht. Zu Weihnachten schenkte er mir den gleichen Mantel für meine Puppe. Meistens beschäftigten wir uns aber mit ganz einfachen Sachen. In der Küche legten wir zwei Decken über den Tisch und spielten darunter „Höhle". Hatte Mama die Betten abgezogen und die drei Matratzen aufgestellt, versteckten wir uns dazwischen. Mit einer Kordel, die wir um den Kleiderhaken an der Wand geschlungen hatten, zogen wir Tassen oder Besteck in die

Liselotte und Helmut, Weihnachten 1933

Höhe, genauso wie die Bauarbeiter ihre Steine oder Eimer mit Mörtel an den Häusern gegenüber. Uns war nie langweilig!

Das größte und schönste Zimmer mit zwei Fenstern zur Straßenseite war das Schlafzimmer meiner Eltern. Die Möbel hatten sie beim Möbelhaus Helberger in der Großen Friedberger Straße gekauft. Eine wunderbar zarte, weinrote Steppdecke lag auf den Betten. Darauf thronten zwei prall gefüllte, weiße Paradekissen mit gestärkter Spitze. Die Wand darüber schmückte ein großes Bild mit goldfarbenem Bilderrahmen. Es zeigte einen Mann, der in einem weißen, langen Gewand auf einem Stein saß, einen Stab in der Hand hielt und vor dem zwei Lämmchen lagen. „Das ist Jesus, der gute Hirte, der über die Schlafenden wacht", hatte mir Papa erklärt. Oft stand ich ehrfurchtsvoll vor diesem wunderschönen Bild. Eine Bettumrandung – zwei kleine Teppiche und ein großer mit langen Fransen – umrahmte beide Betten. Das ganze Zimmer machte auf mich einen herrschaftlichen Eindruck. Immer stand die Tür zum Flur offen und jeder, der uns besuchte, konnte einen Blick hineinwerfen. Das Schlafzimmer war Mamas ganzer Stolz. Das Geld für die Möbel hatte sich meine Mutter vor ihrer Ehe zusammengespart.

Als 18-jähriges Mädchen hatte sie im Jahr 1916 ihr jüdisches Elternhaus in Somborn, einem kleinen Dorf am Rande des Spessarts, verlassen, um in Frankfurt bei jüdischen Familien als Dienstmädchen zu arbeiten. Ihre Mutter war drei Jahre nach ihrer Geburt gestorben. Sie blieb bei ihrem Vater wohnen. Die beiden älteren Schwestern, Rosa und Dina, gab der Vater zu Verwandten in Pflege. Ein Jahr später heiratete er wieder. Mit seiner zweiten Frau hatte er noch fünf weitere Kinder. Meine Mutter musste sehr früh im Haushalt mitarbeiten und auf die fünf Halbgeschwister Leopold, Arthur, Hugo, Betty und Else aufpassen. Zu ihren beiden leiblichen Schwestern hatte sie keinerlei Kontakt.

In Frankfurt ging sie – im Gegensatz zu ihrem strenggläubigen Vater – fast nie in die Synagoge. In all den Jahren hielt sie stets Kontakt zu ihrer Familie, immer wieder besuchte sie den Vater und brachte den jüngeren Geschwistern kleine Geschenke aus der großen Stadt.

Als sie nach einer kurzen Liaison mit einem jüdischen Handelsvertreter 1931 schwanger wurde, musste sie aufhören zu arbeiten und zog in ein kleines möbliertes Zimmer in der Fahrgasse. Dort lernte sie meinen Vater kennen, der im gleichen Haus wohnte. Er war ihr in dieser schweren Zeit eine große Hilfe, begleitete sie ins Krankenhaus und betreute sie und das Neugeborene, so gut er konnte. Ein Jahr später heirateten sie. Er versprach meiner Mutter, für den Buben zu sorgen, als wäre er sein eigener Sohn.

Nachdem meine Mutter einen Nichtjuden geheiratet hatte, durfte sie ihr Elternhaus nicht mehr betreten. Durch die vielen Jahre, die sie allein in Frankfurt gelebt hatte und für sich sorgen musste, war sie sehr selbstständig geworden. So war sie es, die bei uns zu Hause das Sagen hatte. So klein sie war, mit ihrer energischen Art beherrschte sie unsere Familie.

Mein Vater war 1923 gemeinsam mit einem Bekannten aus der Fremdenlegion nach Frankfurt gekommen. Wie viele Menschen in dieser Zeit der Massenarbeitslosigkeit, hielt er sich mit Gelegenheitsarbeiten über Wasser. Auch nachdem er meine Mutter geheiratet hatte, verdiente er nur hin und wieder etwas Geld als Packer bei einer Umzugsfirma oder er bekam Stempelgeld. Ich erinnere mich gut daran, dass Mama ihn öfter aufforderte, zur Unterstützungskasse zu gehen. Dieses Geld in Anspruch nehmen zu müssen, war ihm sehr unangenehm. In dieser Zeit versorgte Papa den Haushalt, er kochte und putzte. Vor allen Dingen aber umsorgte er Helmut und mich, und wenn in der Bäckerei viel zu tun war, kamen auch Neubauers Buben Rudi und Kurt zu uns in die Wohnung. Papa faltete stundenlang mit uns aus Zeitungspapier Schiffchen oder Mützen. Immer hörte er uns zu, beantwortete unsere Fragen und wenn wir hingefallen waren, tröstete er uns liebevoll. Nur gesungen hat er nie mit uns, das kannte er nicht aus seiner Kindheit. Papa war der ruhende Pol unserer Familie. Als Helmut und ich schon im Kindergarten waren, umsorgte er immer noch die kleineren Jungen Hermann und Engelbert der Familie Neubauer.

Samstagabend war Badetag

Unsere Wohnung hatte bereits ein Badezimmer – für diese Zeit ein wahrer Luxus –, denn in den meisten Häusern gab es nur Toiletten, die auf halber Höhe zwischen den Stockwerken im Treppenhaus lagen. Drei Jahre nachdem meine Eltern eingezogen waren, hatte Familie Neubauer die Küche verkleinert und ein Badezimmer einbauen lassen. Auf der einen Seite standen der kupferne Badeofen und die Badewanne und direkt unter dem Fenster die Toilette. Ein Waschbecken gab es nicht. Während der Woche machten wir Katzenwäsche am Wasserstein in der Küche. Mama wusch uns mit Waschlappen und Seife Gesicht und Hände, im Sommer wurden auch die Füße geschrubbt. Gebadet wurde nur am Samstag.

Vor der Renovierung hatte Papa am Samstag die Zinkwanne vom Speicher geholt. In großen Töpfen wurden Unmengen von Wasser erhitzt und in die Wanne gegossen. Nach dem Baden musste das Wasser wieder ausgeschöpft werden, eine mühevolle Arbeit. Das war jetzt viel einfacher. Zuerst heizte Papa den Badeofen mit Holz oder Kohlen an. Wenn das Wasser warm genug war, ging es in die Wanne. Helmut und ich konnten erst in der Wanne etwas planschen, Mama nannte es einweichen, bis sie mit der Kernseife und dem Waschlappen kam. Helmut ließ sich ohne zu murren einseifen und die Haare waschen. Papa hob ihn dann aus der Wanne, wickelte ihn ins Badetuch und ging mit ihm in die Küche. Jetzt kam ich dran. Mit dem großen Stück Seife wurde ich ordentlich eingeschäumt und danach der Schmutz der ganzen Woche gründlich abgerieben. Mit Schwung tauchte Mama mich wieder in die Wanne, um den Schaum abzuspülen. Sobald sie mir aber mit der Seife den Kopf einschäumen wollte, fing ich an zu schreien, denn immer lief mir etwas Seife in die Augen und diese brannten wie Feuer. „Liselotte, halt den Kopf nach hinten und brüll nicht so, dann läuft dir auch keine Seife ins Gesicht." Mit energischem Griff schob sie meinen Kopf in den Nacken, schäumte meine Haare ein und schüttete mit einem Becher Wasser über meinen Kopf. Einmal schrie ich so laut, dass Frau Neubauer aus dem ersten Stock eilte, um mich festzuhalten. Sie war noch strenger als Mama, und vor Angst, dass sie mir das nächste Mal die Haare waschen würde, weinte ich nur noch leise vor mich hin. Nachdem ich diese Prozedur überstanden hatte, wurde ich kräftig mit dem Frotteehandtuch abgetrocknet und bekam ein frisches Nachthemd angezogen. Das war ein wunderbares Gefühl. Es roch so gut nach Seifenflocken und frischem Wind, ich konnte gar nicht genug daran schnuppern.

In der Küche hatte Papa bereits Brote geschmiert und mit etwas Wurst belegt. Wir aßen gemütlich mit unseren Eltern zu Abend. Papa trank dazu ab und zu ein Glas Bier, das er in einem Krug bei der Wirtschaft Best, drei Häuser weiter, geholt hatte. Mama nippte höchstens mal am Bier, trank aber sonst mit uns Kindern Tee. Ich liebte diese Samstagabende, alles war schön sauber, aus dem kleinen Volksempfänger erklang leise Musik und ich merkte ganz deutlich, dass auch meine Eltern diese Ruhe und Zufriedenheit genossen. Wenn ich dann in meinem Bettchen lag, lächelte ich die zwei Engel an der Wand an, nahm meine Heidi in den Arm und freute mich auf den Sonntag. Dann gab es frische Unterwäsche, Sonntagsbraten, Kinderfunk, und manchmal kam am Nachmittag Besuch zu Kaffee und Kuchen.

Kindergarten

Endlich war es soweit, ich kam in den Kindergarten. Eine große, braunhaarige Kindergartentante begrüßte uns Neuankömmlinge mit einem knappen „Guten Morgen. Ihr seid also die Neuen. Bei uns im Kindergarten gibt es Regeln, an die sich alle Kinder halten müssen. Hört also gut zu, ich sage es nur einmal." Wir waren viel zu aufgeregt, um alles zu behalten, aber wir lernten es schnell.

Jedes Kind bekam einen Kleiderhaken zugewiesen. Dort hängten wir morgens unsere Jacken oder Mäntel auf. Die Schuhe mussten ausgezogen und unter das Bänkchen gestellt werden. Bevor wir in den Gruppenraum gingen, schlüpften wir in unsere Kindergartenschuhe. Vor und nach dem Frühstück und dem Mittagessen mussten alle Kinder ihre Hände waschen und nach dem Mittagessen wurde zwei Stunden geschlafen. Und wer in den Räumen laut geschrien oder herumgetobt hatte, wurde zur Strafe für zehn Minuten in das „Kabuff", einen kleinen, stockfinsteren Raum, gesteckt. So streng hatte ich mir meine Zeit im Kindergarten nicht vorgestellt, davon hatte Helmut mir nie etwas erzählt.

Spätestens beim Mittagessen wurde mir klar, der Alltag war weit von meinen Träumen entfernt. Zu Hause sagte Papa immer: „Iss nicht so schnell, kaue langsam, sonst verschluckst du dich." Hier im Kindergarten galten andere Regeln; alle Kinder mussten schnell ihre Teller leeren. Mindestens einmal pro Woche gab es Griesbrei oder Reisbrei. Ich mochte weder den einen noch den anderen. Gleich in der ersten Woche saß ich langsam löffelnd vor meinem Teller Griesbrei, in dem eine kleine Pfütze Himbeersaft schwamm. Schon bei dem Gedanken zog es mir durch den Magen. Aber es half nichts, ich musste mich überwinden etwas zu essen, sonst würde die Schwester mit mir schimpfen. Gerade hatte ich einen Löffel voll Brei heruntergeschluckt, da kam sie auf mich zu. „Trödel nicht so rum, die anderen Kinder sind schon fertig." Schneller als ich denken konnte nahm sie mir den Löffel aus der Hand, rührte den Saft und den Griesbrei zu einer schrecklich grauen Masse, und mit den Worten: „Mund auf" schob sie mir den Löffel voll Brei zwischen die Zähne. Noch bevor ich schlucken konnte, kam der nächste, und so ging es, bis der Teller leer war. „Na siehst du, es geht doch." Ihre energische Stimme trieb mir die Tränen in die Augen, aber vor Angst, sie könnte es sehen und mit mir schimpfen, lief ich schnell vom Tisch weg. Aber erst ein weiteres Erlebnis machte mir klar: Nur schnelles Essen würde mich vor weiteren Fütterungen bewahren. Als ich eines Nachmittags aus dem Kindergarten nach Hause kam, wunderte sich Papa über meine dicke Backe. „Ria", Papa sagte immer Ria zu Mama, obwohl sie eigentlich Recha hieß, „schau dir mal unser Schlumpelchen an! Ich glaube, sie hat Zahnweh." Sonst nannte mich nur Frau Neubauer Schlumpelchen, aber manchmal machte Papa sich einen Spaß daraus, sie nachzuahmen. Mama nahm mich auf den Schoß. „Mach mal den Mund auf!" Mit dem Zeigefinger untersuchte sie meine Zähne und lachte. „Das sind keine Zahnschmerzen." Sie holte einen festen Klumpen Spinat aus meiner Backe. Beim Mittagessen hatte ich den Spinat, wie andere Kinder auch, ganz schnell in den Mund geschoben. Wir wollten ihn anschließend in die Toilette spucken. Ich hatte mich aber nicht getraut und so behielt ich den Spinat den ganzen Tag im Mund. „Das kommt davon, wenn man nicht alles isst, was auf den Tisch kommt", sagte Mama lachend und gab mir einen leichten Klaps auf den Hintern.

Gruppenfoto Kindergarten, 1938
Liselotte oben rechts mit weißer Schleife

Noch schlimmer als das Essen war für mich der Mittagsschlaf. Ich konnte und wollte nicht schlafen und lag immer wach auf dem kleinen Bettchen und wartete, bis die Zeit endlich vorbei war. Es war schrecklich, denn wir durften uns nicht drehen oder hinsetzen und schon gar nicht miteinander sprechen. Einmal, ich hatte mich mit einem Mädchen ganz leise unterhalten, erwischte mich die Schwester. Sofort wurde ich in das „Kabuff" gesteckt. Mir grauste es fürchterlich in der Dunkelheit. Danach war ich lieber artig und still und musste nie mehr in diese dunkle Kammer. Von all den schönen Spielsachen, auf die ich mich so gefreut hatte, wurde keines aus der Spielzeugkammer geholt. Kein Kind durfte jemals damit spielen. Nur zum alljährlichen Gruppenfoto kamen sie heraus und verschwanden danach wieder für ein Jahr.

Wir hatten zwei Kindergartentanten, die über ihrer Kleidung immer eine große weiße Schürze trugen, und eine Person in einem langen schwarzen Gewand. Ich konnte nicht erkennen, ob dieser Mensch eine Frau oder ein Mann war. Ich sah nur ein winziges Stück Gesicht aus einer schwarzen Kopfbedeckung streng auf mich herabblicken. Als ich Mama fragte, lachte sie nur schallend, gab mir aber keine Antwort. Erst Frau Neubauer verschaffte mir Gewissheit. „Das ist eine Frau, eine Nonne vom Orden der Franziskanerinnen." Viel konnte ich mit dieser Erklärung nicht anfangen, wusste aber endlich, dass es eine Frau war.

Nach einiger Zeit hatte ich mich gut eingelebt und freute mich jeden Tag auf den Kindergarten und das gemeinsame Frühstück. Wir saßen an den kleinen Tischen, tranken Tee oder Milch und verspeisten unsere mitgebrachten Frühstücksbrote. Oft bekam ich von Frau Neubauer ein Hörnchen oder ein frisches Brötchen und manchmal haben wir Kinder untereinander getauscht. Bei schönem Wetter spielten wir im Hof Fangen oder Verstecken, hier konnten wir laut lachen und toben. Eine Wiese, Spielgeräte oder einen Sandkasten gab es nicht. Im Winter oder bei Regen spielten wir in unseren Gruppenräumen mit Bausteinen, tanzten „Es geht eine Zipfelmütz' in unserem Kreis herum" oder sangen. Manchmal bekamen wir auch eine Geschichte vorgelesen.

Ein ganz besonderes Erlebnis waren die Ausflüge zum Mutterhaus unserer Nonne in die Lange Straße. Hinter dem prächtigen Haus lag ein wunderschöner Garten mit großen Bäumen, verwilderten Hecken, einer Wiese und kleinen Wegen. Wir Kinder rannten über die Wiese, zwitscherten wie die Vögel, versuchten die Schmetterlinge zu fangen, lachten, tobten und schlugen Purzelbäume. Auch die sonst oft zu strengen Tanten freuten sich mit uns. Die größte Sensation war die riesengroße, rot angestrichene Schaukel. Zwanzig Kinder konnten darauf sitzen. Die Schwestern hatten große Mühe, uns anzuschieben. Das war ein Jauchzen und Kreischen, wenn es hoch und runter ging; wir konnten gar nicht genug bekommen. Hier im Garten verging die Zeit wie im Flug und zum Abschluss des Tages bekamen wir von der Küchenschwester noch jeder ein Glas Kakao. Das war etwas ganz Besonderes, denn zu Hause gab es nur manchmal am Sonntag ein so köstliches Getränk. Als es einmal auf dem Rückweg anfing zu regnen, nahm die Nonne uns Kinder unter ihren großen breiten Mantel. Wir kicherten den ganzen Weg. Als ich am Abend Frau Neubauer davon erzählte, lachte sie herzlich: „Das war ja wie in dem Lied ‚Maria, breit den Mantel aus, mach Schirm und Schild für uns daraus'." Ich kannte das Lied damals noch nicht, aber Frau Neubauer. Sie war eine gut katholische Frau und erzählte mir oft von Jesus und Maria, der Mutter Gottes.

„Hickelkreis" und Hüpfseil

Für uns Kinder war der Wollgraben unser Zuhause und Spielplatz in einem. Wir Mädchen sprangen Hüpfseil, spielten „Hickelkreis" oder warfen uns den Ball zu. Am meisten mochte ich „Hickelkreis." Mit Kreide malten wir Quadrate auf die Straße. Ein Stein wurde geworfen, und in das Feld, in dem er liegen blieb, durfte man nicht springen. Nun hüpfte man auf einem Bein von Feld zu Feld ohne abzusetzen. Wer auf einen Strich oder in das Feld mit dem Stein sprang, musste eine Runde aussetzen. Wenn sonntags keine Handwerker an einem eingerüsteten Haus arbeiteten, knoteten wir Mädchen ein Seil zwischen die Gerüststangen, legten ein Kissen hinein und schaukelten. Die Buben ließen lieber ihren Dopsch[1] kreiseln, spielten Fußball oder Klicker[2].

Am begehrtesten waren Rudis Roller und sein Dreirad. Rudi, der älteste Sohn der Familie Neubauer, wechselte sich immer mit den anderen Jungen der Straße ab. Sie jagten den Wollgraben hinunter bis an die Ecke zur Brückhof- und Fischerfeldstraße, umrundeten

1 kleiner Holzkreisel
2 Murmeln

den Obelisk, der mitten auf den Platz stand, und sausten wieder zurück. Wenn die Buben keine Lust mehr hatten und lieber Fußball spielten, durften wir Mädchen auch manchmal mit dem Dreirad oder dem Roller fahren. In diesen Jahren kamen meistens nur Pferdewagen, Männer mit Drückkarren oder auf Fahrrädern durch die Straße. Mit den Pferdefuhrwerken rannten wir Kinder um die Wette. Die Buben versuchten auf die Wagen aufzuspringen, um ein Stück mitzufahren. Wenn das der Fuhrmann merkte, schimpfte er laut, scheuchte sie vom Wagen und ließ als Drohung seine Peitsche laut durch die Luft knallen. Wenn sich einmal ein Auto in den Wollgraben verirrte, liefen alle Kinder zusammen. Wir flüchteten auf den Bordstein, winkten dem Fahrer zu und freuten uns riesig, wenn dieser seine Hupe erschallen ließ. Einmal in der Woche kam der Pferdewagen der Firma „Eis-Günther." Er brachte Stangen-Eis für die Eisschränke der Bäckerei Neubauer und zum Lebensmittelgeschäft Euler, gegenüber der Bäckerei. Der Kutscher stieg von seinem Bock und zog mit einem großen, eisernen Haken die Eisblöcke von der Ladefläche. Dann bückte er sich und hob den schweren Eisblock auf die Schulter. Dabei splitterten immer kleine Eisstücke ab, die er in einen Korb warf, der hinten am Wagen hing.

Obelisk an der Brückhofstraße

Im Sommer umringten wir den Pferdewagen und warteten darauf, dass der Eismann ein paar der heiß begehrten Stückchen verteilte.

Das größte Ereignis aber war, wenn ein sanftes Brummen den Zeppelin ankündigte. „Der Zeppelin, der Zeppelin kommt", rief sofort der, der zuerst das Geräusch hörte und dann rannten alle zum Börneplatz. Hier auf dem großen, freien Platz konnten wir den Zeppelin viel länger beobachten als in unserer schmalen Straße. Wir Kinder waren fasziniert und winkten mit beiden Armen. Manchmal flog er so tief, dass wir die Leute in der Gondel erkennen konnten. Erst, wenn der Zeppelin verschwunden war, rannten wir um die Wette wieder in den Wollgraben zurück.

Nur ganz selten gingen meine Eltern mit Helmut und mir am Sonntag spazieren. Meistens spielten wir Kinder auch am Sonntag auf der Straße und meine Eltern sahen uns vom Schlafzimmer-

Zeppelin über Hauptwache und Zeil

fenster aus zu. Sie legten sich jeder ein Kissen auf die Fensterbank und schauten sich das Treiben auf der Straße an. Mutter nannte es „Spazieren-Sehen“. Ich habe es sehr genossen, wenn sie uns von oben zusahen, immer wieder habe ich hoch geschaut und ihnen gewunken.

Ein- oder zweimal im Sommer machte Mama uns eine ganz besondere Freude. Wenn in der Bäckerei nicht viel zu tun war, holte sie Helmut, Rudi, Kurt und mich schon vor dem Mittagessen im Kindergarten ab. Ich genoss diese seltenen Tage sehr, denn ich konnte mich nie an das Mittagessen und den Mittagsschlaf gewöhnen. Neubauers Sohn Hermann saß schon im Kindersportwagen. Mama verstaute eine große Tüte Gebäck, eine Flasche mit Tee und eine Kolter[3] im Wagen. So bepackt zog sie mit uns fünf Kindern Richtung Ostpark. Auf der Treppe der Stadtbibliothek machten wir oft schon eine kleine Pause, und wir Kinder hüpften die Stufen rauf und runter. Weiter ging es durch die Ostendstraße am Ostbahnhof vorbei in den Ostpark. Sobald wir den Park sehen konnten, liefen wir voraus und suchten uns einen schönen Platz. Mama setzte sich mit dem kleinen Hermann auf die Decke und wir Großen zogen unsere Schuhe aus und flitzten über die Wiese. Es war ein wunderbares Gefühl, das Gras unter den nackten Füßen zu spüren, es war so weich und kribbelte so schön zwischen den Zehen. Hier im Ostpark waren viele Mütter mit ihren Kindern. Mama unterhielt sich mit den anderen Frauen und ließ uns Kinder nach Herzenslust toben. Wir rannten um die Wette, spielten Ball oder schlugen Purzelbäume. Einige Mädchen und ich sammelten Gänseblümchen, flochten daraus Blumenkränze und setzten sie uns oder unseren Müttern auf den Kopf. Alle genossen diese Ausflüge sehr, denn keines der Häuser im Wollgraben und den umliegenden Straßen hatte einen Garten oder eine Wiese zum Spielen. Als Krönung des Tages gab es auf dem Heimweg für jedes Kind ein Bällchen Eis in der Waffel. Die ganze Zeit überlegten wir, welche

3 Wolldecke

Sorte wir nehmen wollten. Es gab Schokoladen-, Erdbeer- oder Vanilleeis, meistens entschied ich mich für Vanille. Genussvoll an unserem Eis leckend, zogen wir heimwärts. Wenn ich dann müde und frisch gewaschen in meinem Bett lag, wünschte ich mir von meinem Schutzengel: „So schön soll es immer bleiben."

Papa bekommt Arbeit

Ich kann mich noch sehr gut daran erinnern, als Papa in die Wohnung stürmte und schon im Flur laut nach Mama rief. Helmut und ich spielten in der Küche und Mama stand am Herd und kochte. „Ria, du wirst es nicht glauben, ich habe eine Arbeitsstelle bekommen." Papa war ganz außer Atem, er musste die Treppe in den vierten Stock gerannt sein. „Ich kann am nächsten Montag gleich anfangen, endlich muss ich nicht mehr stempeln gehen oder als Gelegenheitsarbeiter arbeiten." Er schloss Mama fest in die Arme und drehte sich mit ihr im Kreis. Seine Freude war riesengroß. Helmut und ich waren aufgesprungen und umringten ihn und Mama. „Setz dich erst einmal ruhig an den Tisch und erzähle alles der Reihe nach." Mama strahlte ebenfalls. Dann fing Papa an zu erzählen: „Als ich heute meinen Stempel für die Unterstützung holen wollte, fragte mich der Beamte, ob ich bereit wäre, in einer Schrotthandlung zu arbeiten. Er hätte gerade eine Anfrage von der Firma Carl Nagel bekommen, die einen Lagerarbeiter sucht. Ich konnte es erst gar nicht glauben, aber er drückte mir einen Zettel mit der Adresse in die Hand. Ich habe mich natürlich sofort auf den Weg gemacht. Die Firma ist am Güterplatz hinter der Festhalle. Den ganzen Weg bin ich gelaufen, denn ich hatte kein Geld für die Straßenbahn dabei. Dem Besitzer, Herrn Nagel, habe ich gleich erzählt, dass mir keine Arbeit zu schwer ist und ich sofort anfangen kann. Er hat sich kurz mit seinem Vorarbeiter unterhalten, mir das ganze Lager gezeigt und dann zu mir gesagt:

Herr Wessinger, wenn Sie bereit sind, immer im Freien zu arbeiten, sind Sie ab Montag mein neuer Mann." Papa strahlte übers ganze Gesicht, so aufgeregt hatte ich ihn noch nie erlebt. „Hat er dir auch gesagt, was du verdienst?" Mama dachte wie immer viel praktischer als Papa. „So genau weiß ich es noch nicht, aber er sagte, wenn ich jeden Tag 10 Stunden arbeite, könnte ich mit einem guten Lohn rechnen. Ria, endlich wird es uns richtig gut gehen." Endlich, mit fast 44 Jahren, hatte Papa im Jahr 1937 eine feste Stelle gefunden.

Wegen der Zusage für die Arbeitsstelle bekam er für diese Woche keine Unterstützung mehr. So musste Mama sich das Geld für Papas Arbeitsanzug bei Frau Neubauer leihen. Auch sie freute sich sehr für uns, obwohl Papa nun keine Zeit mehr hatte, auf ihre Kinder aufzupassen. Papa zog den neuen „Blaumann" aus festem, dunkelblauem Stoff sofort an und stolzierte damit durch unsere Küche.

Am darauf folgenden Freitag kam Papa voller Stolz mit seiner ersten Lohntüte nach Hause. Wir saßen alle gespannt am Küchentisch. Papa öffnete die kleine, braune Tüte und schüttete ganz langsam den Inhalt vor Mama auf den Tisch. Mama nahm einige Geldstücke weg. „Ich gehe noch schnell einkaufen und ihr zwei holt in der Zwischenzeit beim Best für Papa einen Krug Bier." Als wir zurückkamen, war Mama schon wieder da. Im Gemüseladen am Börneplatz hatte sie eine große Tüte Erdbeeren gekauft. Noch heute kann ich mich an den Geschmack dieser Erdbeeren erinnern, die wir nach dem Abendessen genussvoll verspeisten. Für sich selbst hat Papa nie eine Mark behalten, immer hat er seinen Lohn Mama abgegeben, die ihn gut verwaltete. Von diesem Tag an war immer Geld im Haus, es war nicht viel, aber keiner in unserer Familie hatte große Ansprüche und so konnten wir uns oft einen kleinen Wunsch erfüllen.

Vaters große Freude über die erste richtige Arbeitsstelle in seinem Leben verstand ich erst viele Jahre später, als er mir in groben Zügen seine Lebensgeschichte erzählte.

Seine Mutter stammte aus Birkenfeld bei Pforzheim. Mit 18 Jahren ging sie im Jahr 1891 nach Basel, um eine kranke Frau zu pflegen. Der Ehemann dieser Frau machte ihr schöne Augen und zwei Jahre später wurde mein Vater geboren. Bis zu seinem sechsten Lebensjahr konnte er bei seiner Mutter bleiben, danach gab sie ihn zu ihrer Schwester nach Ottenhausen im Schwarzwald. Diese Tante lebte mit ihrem Mann und ihren eigenen sechs Kindern in sehr ärmlichen Verhältnissen. Mein Vater musste bei ihnen immer sehr schwer arbeiten und bekam vom Onkel schon wegen Kleinigkeiten Schläge mit dem Lederriemen. Er schlief in einer kleinen, zugigen Dachkammer, in die im Winter manchmal der Schnee durch die Schindeln auf seine Bettdecke flog. Nie bekam er satt zu essen, an regelmäßigen Schulbesuch war überhaupt nicht zu denken. Seine Mutter schickte ab und an Geld für ihn und zu den Festtagen ein Paket. Den Inhalt musste er aber immer mit den sechs Kindern der Familie teilen. Weil er vor lauter Hunger einmal einige Würste aus dem Rauchfang stibitzt hatte, kettete der Onkel ihn danach im Stall an. Acht Jahre lebte er in dieser Familie, und in der ganzen Zeit besuchte ihn seine Mutter nur zweimal.

Danach schickte ihn der Onkel als Knecht zu einem Bauern ins Nachbardorf. In dieser Familie wurde er gut aufgenommen. Er bekam ein eigenes, kleines Zimmer, immer ausreichend zu essen und wöchentlich zwei Mark Lohn. Sie nannten ihn den „Schweizer-Fritz", vermutlich weil seine Mutter in Basel lebte. Von seinem Lohn kaufte er sich sonntags einen Gugelhupf und zwei Gläser Bier. Als er mir davon erzählte, konnte ich aus seinen Worten noch die Freude hören.

1913 wurde er in Stuttgart zum Wehrdienst eingezogen und musste ein Jahr später in den Ersten Weltkrieg ziehen. Er erwähnte immer sehr stolz diese Zeit, denn zum ersten Mal in seinem Leben wurde er als vollwertiger Mensch und Kamerad angesehen. Auf seine Auszeichnungen, die er in einer kleinen Dose in seiner Nachttischschublade aufbewahrte, war er sehr stolz. Nach Kriegsende fand er, wie viele seiner Kameraden, keine Arbeit. Da er fast nie zur Schule gehen durfte, konnte er auch keine Ausbildung beginnen. Kurz entschlossen verpflichtete er sich für fünf Jahre zur Fremdenlegion nach Afrika. 1923 kam er dann mit einem Freund nach Frankfurt, in der Hoffnung, in dieser großen Stadt Arbeit zu finden. Mit seiner Anstellung bei der Firma Carl Nagel ging dieser Wunsch dann 1937 endlich in Erfüllung.

Erst nach dem Tod seiner Mutter 1934 erfuhr er durch ihr Testament, dass er noch drei Geschwister hatte, zwei Schwestern und einen Bruder. Alle Kinder hatten den gleichen Vater. Auch nach dem Tod seiner Frau hatte dieser die Mutter seiner vier Kinder nicht geheiratet. Er lebte aber bis an sein Lebensende mit ihr zusammen. Vermutlich war es sein Wunsch gewesen, alle Kinder in unterschiedliche Familien zur Pflege zu geben. Bei der Testamentseröffnung trafen sich die Geschwister erstmals in Basel am Grab ihrer Mutter. Die Unterhaltung war schwierig, denn eine Schwester lebte in Frankreich und sprach kein Wort deutsch. Die zweite Schwester lebte in der französischen Schweiz. Da sie deutsch und französisch sprach, dolmetschte sie für meinen Vater und den Bruder.

06. Juli 1938	*Hitler beauftragt Albert Speer mit dem Bau der „Stadt des KdF-Wagens bei Fallersleben" (heute: Wolfsburg)*
09./10. November 1938	*In ganz Deutschland brennen jüdische Synagogen*

Wolken ziehen auf

Mama weint
Donnerstag, 10. November 1938

Aus der Küche höre ich Klappern, ein leichter Geruch von Kohlefeuer, Kaffee und Milch zieht bis zu mir ins Zimmer. Ich öffne die Augen ein ganz klein wenig, es dämmert. Gleich wird Mama kommen und mich wecken. Noch einmal kuschele ich mich in mein schönes, warmes Federbett. Die Tür geht auf. „Guten Morgen, Zeit zum Aufstehen." Mit festem Schritt kommt Mama herein, öffnet das Fenster und sofort strömt die kalte Winterluft ins Zimmer. Ich ziehe mir schnell die Decke über den Kopf, aber mit Schwung nimmt Mama sie weg. „Auf Schlumpelchen, wir sind heute spät dran." Sie nimmt mich auf den Arm, trägt mich in die Küche und setzt mich auf den Stuhl ganz nah am mollig warmen Herd. An der Herdstange hängt schon meine Unterwäsche. Schneller als ich denken kann, zieht sie mir das Nachthemd aus und das schön angewärmte Unterhemdchen an. Darüber das Leibchen, an das die langen Strümpfe mit einem Gummiband angeknöpft werden. Ich will die gestrickten Strümpfe, die immer so jucken, nicht anziehen, aber Mama bleibt unbeeindruckt. „Mach kein Geschrei, es ist Winter und da gibt es keine Kniestrümpfe." Rasch wischt sie mir mit dem nassen Waschlappen übers Gesicht. „Gell, Mama, bald ist Weihnachten!" „Ja, aber vorher kommt noch der Nikolaus. Trink deine Milch, ich mache derzeit die Betten, dann müssen wir gehen." Ich hatte so gehofft, dass in diesem Jahr der Nikolausabend ausfallen würde, immer grauste mir vor diesem bärtigen Mann. „Bist du fertig?“ „Ja, ich ziehe schon den Mantel an, heute lernen wir im Kindergarten wieder Weihnachtslieder.“ „Komm, wir müssen uns eilen, ich muss gleich wieder zur Neubauern runter. Zum Brot schmieren reicht heute die Zeit nicht mehr, ich hole dir unten ein Brötchen.“ Mama holt schnell das Brötchen und steckte es in meine Kindergartentasche. „Viel Spaß“, ruft Frau Neubauer mir aus dem Laden zu. Den würde ich heute haben. Ich lächele in mich hinein, heute setze ich mich auch mal auf das Brötchen, so wie es die kleine pummelige Elfriede jeden Tag tut. Wenn sie es dann auf den Tisch legt, ist es platt wie ein Pfannkuchen und alle Kinder lachen. Heute wird sie staunen, wenn ich mich auch auf das Brötchen setze. „Liselotte, du träumst schon wieder, wir müssen los.“ Mama wickelt mir den Schal fest um den Hals und zieht mir die Mütze über beide Ohren. Mich kratzt die Wolle sofort, aber alles Jammern hilft nichts, sie gibt nicht nach. „Auch wenn wir schnell im Kindergarten sind, es ist kalt und der Schal bleibt am Hals.“ Sie nimmt mich an die Hand und mit schnellen Schritten laufen wir Richtung Börneplatz. Ich freue mich, denn heute wird es lustig im Kindergarten.

Als wir um die Ecke biegen, bleibt Mama wie angewurzelt stehen, beinahe wäre ich hingefallen. Eben hatte sie es noch so eilig, mich zum Kindergarten zu bringen. Nun bewegt sie sich keinen Millimeter weiter. „Was ist, Mama?“ Sie gibt keine Antwort, sondern schaut sprachlos geradeaus. Ich folge ihrem Blick und dann sehe ich es auch.

Aus dem großen Haus mit der schönen Kuppel auf dem Börneplatz, steigt eine riesengroße Rauchsäule auf. Viele Menschen stehen schweigend davor und starren auf die Flammen, die aus den Fensteröffnungen lodern. Steine und Balken stürzen zu Boden und zerschmettern mit einem unheimlichen Lärm auf der

Brennende Synagoge am Börneplatz

Erde. Es wird immer lauter, die Luft ist erfüllt von Asche und Rauch, beißender Qualm nimmt uns die Luft zum Atmen. Ich bin vor Schrecken wie gelähmt und kann nicht verstehen, was hier passiert. Mama steht völlig regungslos neben mir. Ich spüre, wie ihre Hand meine immer fester drückt und versuche sie wegzuziehen. Aber sie reagiert nicht, schaut nur zum Haus hin, so als würde sie in die Hölle blicken. Die herumstehenden Menschen sehen im fahlen Morgenlicht, das durch das Feuer und den Rauch wie grauer Nebel aussieht, wie Gespenster aus. Junge Männer mit langen Schals um den Hals und schwarzen Hüten auf den Köpfen hüpfen vor dem brennenden Haus im Kreis und brüllen immer wieder „Juden raus, Juden verreckt!“ Dabei werfen sie eine große Rolle in die Luft und lassen sie krachend auf die Erde fallen, treten dagegen, lachen schrill und schreien wieder „Juden raus, Juden raus!“ Ein schwarz gekleideter Mann neben uns stöhnt auf. „Sie treten die Thora, sie vernichten unser heiligstes Buch!“ Dann läuft er mit schnellen Schritten davon. Plötzlich hebt Mama mich hoch und drückt mich ganz fest an sich. Ich schlinge meine Arme um ihren Hals und spüre, wie ihr die Tränen über das Gesicht laufen. Noch nie habe ich Mama weinen sehen. Sie geht noch ein Stück näher an die Menschenmenge, ich schau sie weinend an, aber sie blickt wie gebannt zu dem brennenden Gebäude. Ich zittere vor Angst und presse mich noch fester an sie. Warum stehen die anderen Leute alle stumm herum, warum ruft niemand „Feuer!“ oder „es brennt!“, warum kommt keine Feuerwehr? Warum hören die Männer nicht auf zu schreien? Was bedeutet „Juden raus, Juden verreckt?“ Ich habe das Wort Juden noch nie gehört. Was ist das für ein Haus? Ich habe es bewusst noch nie gesehen, obwohl ich jeden Tag mit Mama über den Börneplatz zum Kindergarten gehe. Plötzlich wird das Feuer stärker, die Flammen schlagen jetzt riesig aus allen Fenstern und vor lauter Qualm und Rauch ist das Dach fast nicht mehr zu sehen. Die Menschen starren auf das Gebäude, aber keiner rührt sich, keiner spricht ein Wort und niemand außer Mama weint. Gerne hätte ich Mama gefragt, was das alles zu bedeuten hat, aber sie weint immer noch und blickt gebannt ins Feuer. Ich will hier weg. Endlich sieht sie mich an. „Komm“, mehr sagt sie nicht und rennt los. Aber nicht zum Kindergarten, sondern zurück nach Hause. Warum nach Hause, wieso bringt sie mich nicht in den Kindergarten? Ich habe nur noch Angst und fange wieder an zu weinen.

Erst an der Bäckerei hört Mama auf zu laufen, geht schnell in den Laden und stellt mich endlich auf den Boden. Sie schnappt Frau Neubauer am Arm und zieht sie in die kleine Stube neben dem Verkaufsraum. Die beiden reden ganz aufgeregt miteinander und dabei laufen Mama wieder die Tränen über das Gesicht. Frau Neubauer hört ihr mit ungläubigem Blick zu. Plötzlich hören wir von der Straße lautes Brüllen und ohrenbetäubenden Lärm. Wir laufen auf die Straße und bleiben wie versteinert stehen. Im Nachbarhaus schlagen Männer beim Möbelgeschäft Blaut die Schaufensterscheiben ein. Schränke, Tische, Stühle fliegen durch die zersplitterten Scheiben und krachen mit lautem Knall auf die Straße. Wieder schreien sie „Juden raus, Juden raus." Ich halte mir die Ohren zu und renne zurück in die Bäckerei. Frau Neubauer und Mama kommen sofort hinterher, schließen die Tür ab und lassen den Rollladen herunter. Zum Glück können wir durch den Hof in unsere Wohnung im vierten Stock gehen. In der Küche redet Mama aufgeregt auf Frau Neubauer ein, immer wieder sprechen sie von Helmut und sofort fängt Mama wieder an zu weinen. Ich sitze zitternd auf meinem Stuhl und verstehe nur, dass sie Angst um Helmut hat, aber der ist doch in der Schule und die ist weit entfernt. Plötzlich kommt Frau Neubauer zu mir: „Ich gehe jetzt den Helmut aus der Schule abholen. Du bleibst ganz brav bei deiner Mama hier in der Küche und geh nicht ans Fenster. Hab' keine Angst, ich bin bald wieder zurück." Sie nimmt Mama den Wohnungsschlüssel ab, geht aus der Wohnung und schließt hinter sich zu. Warum werden wir eingeschlossen, warum hört der Lärm auf der Straße nicht auf, warum weint Mama unaufhörlich? So viele Fragen schwirren in meinem Kopf durcheinander, aber ich traue mich nicht, Mama zu fragen. Von der Straße höre ich immer wieder die Schreie „Jude raus, Jude verrecke." Dazwischen das Splittern von Glasscheiben und die dumpfen Schläge, wenn wieder etwas auf die Straße knallt. Hoffentlich kommt niemand in unsere Wohnung und wirft unsere Möbel aus dem Fenster. Mama hängt doch so sehr an ihrem Schlafzimmer. Und wo sollen wir denn schlafen, wenn wir keine Betten mehr haben? Ich setze mich auf Mamas Schoß, halte mir die Ohren zu und weine leise vor mich hin.

Endlich, nach unvorstellbar langer Zeit, höre ich, wie die Wohnungstür aufgeschlossen wird, Frau Neubauer und Helmut kommen herein. Mama stürzt auf Helmut zu und drückt ihn ganz fest an sich und fängt sofort wieder an zu weinen. Frau Neubauer und Helmut sind ganz erschöpft, so schnell sind sie von der Schule zurückgelaufen. Helmut setzt sich still zu Mama. Ich hole mir meine Puppe Heidi und drücke sie fest an mich. Frau Neubauer erzählt ganz aufgeregt, dass in der ganzen Stadt alle Synagogen und jüdischen Geschäfte zerstört werden. Sie hatte große Mühe, den Lehrer davon zu überzeugen, ihr Helmut mitzugeben. Er hatte sich mit seinen Schülern in der Klasse eingeschlossen. Erst als sie dem Lehrer durch die verschlossene Tür Helmuts Geburtsdatum genannt hatte, öffnete er sie einen Spalt, schob Helmut durch und verschloss die Tür sofort wieder. Was ist heute für ein schrecklicher Tag, was sind Synagogen? Ich habe dieses Wort auch noch nie gehört. Sicher ist das große schöne Haus, das am Börneplatz brennt, auch eine Synagoge. Hoffentlich wird Neubauers Bäckerei nicht zerstört. Mama drückt Helmut immer noch fest an sich. Wir sitzen am Küchentisch und keiner sagt ein Wort. Heute Morgen waren wir noch so fröhlich. Eine beklemmende Stille erfüllt den Raum, auch das Schreien auf der Straße ist verstummt. „Ich gehe runter in die Bäckerei, wenn dein Fritz da ist, komme ich noch mal hoch." Frau Neubauer legt Mama den Arm um die Schulter und geht wortlos aus der Wohnung. Wir drei sitzen noch eine Weile regungslos da, dann steht Mama auf. „Ich koche uns erst einmal einen Tee." Sie streichelt uns über die Köpfe. „Es wird schon wieder gut werden."

An diesem Abend konnte ich nicht einschlafen, tausend Fragen gingen mir durch den Kopf, aber ich wollte Mama nicht fragen, denn sonst hätte sie wieder geweint. Ich hörte, wie Mama, Papa und Frau Neubauer sich noch lange in der Küche unterhielten. Gerne hätte ich an der Tür gelauscht, aber das war uns nicht erlaubt. So blieb ich in meinem Bett liegen. Vielleicht ist ja morgen wieder alles wie vorher, vielleicht kann Mama dann wieder lachen.

Am nächsten Morgen saß ich mit Helmut und Mama am Küchentisch und trank meinen Becher Milch. Es war ganz still, keiner sprach ein Wort. Ich habe Angst. Angst aus der Wohnung zu gehen, Angst vor dem Feuer, Angst vor den Männern, die so furchtbar geschrieen haben, Angst, dass Mama wieder so schrecklich weint, ich habe grenzenlose Angst.

„Helmut, du gehst heute nicht in die Schule, ich bringe Liselotte rasch in den Kindergarten und bin dann gleich wieder da." Ich hatte so gehofft, zu Hause bleiben zu können. Hilfe suchend schaute ich Mama an, aber sie war so in Gedanken vertieft, dass sie meinen Blick nicht sah. Ihre Augen sahen noch ganz rot aus vom vielen Weinen. Warum sagt uns niemand, was gestern passiert ist? Papa würde mir vielleicht eine Antwort geben, aber er ist schon lange zur Arbeit gefahren und kommt erst heute Abend spät wieder heim. Vielleicht frage ich Frau Neubauer, wenn ich aus dem Kindergarten komme. Mama zog mich an, nahm mich an die Hand, und schweigend gingen wir auf die Straße. Keine Möbel, keine Glassplitter, es sah auf der Straße aus, als wäre nichts geschehen. Frau Neubauer stand schon in der Ladentür und reichte mir eine Tüte. „Ich habe dir einen Schokoladen-Amerikaner eingepackt, den magst du doch so gerne." Sie steckte mir die Tüte in meine Kindergartentasche und strich mir über den Kopf. „So, jetzt aber ab in den Kindergarten, den Kurt und das Hermännchen könnt ihr mitnehmen." Mama nahm die zwei Buben an ihre andere Hand und wir gingen los. Als wir uns der Ecke zum Börneplatz näherten, merkte ich, dass Mama immer langsamer ging. Auch hier war alles ruhig, nur ein paar Leute standen vor den rauchenden Trümmern und redeten leise miteinander. Von dem prächtigen Gebäude waren nur die Außenmauern übrig geblieben. Wo vorher die Fenster waren, klafften jetzt große Löcher. Über dem ganzen Platz hing immer noch eine Rauchwolke, die mir in den Augen und der Nase brannte. Mama ging schnell mit uns weiter. „Kommt, die

Schwester wartet schon auf euch." Zurückblickend weiß ich, dass an diesem Tag meine unbeschwerte Kindheit endete.

Ich komme in die Schule

Ostern 1939

Ich freue mich riesig! Endlich lerne ich lesen, schreiben, rechnen und kann wie Helmut mit dem Schulranzen auf dem Rücken durch die Straßen laufen. Der Ranzen aus braunem Leder stand schon seit einiger Zeit neben meinem Bett. An einer Kordel baumelten lustig ein Schwämmchen und ein karierter Tafellappen heraus. Der Griffelkasten mit zwei nagelneuen Griffeln und einem Anspitzer war auch schon eingepackt. Jetzt fehlte mir nur noch etwas Schönes zum Anziehen. Viel Auswahl gab es in meinem Kleiderschrank nicht. Wie schon so oft, half Frau Neubauer. Kurzerhand entschied sie: „Das Kleid zur Einschulung kaufe ich." Schon einmal hatte sie mir ein wunderschönes Bleyle-Strickkleid beim Modehaus Pfüller in der Goethestraße gekauft. Allein der Gedanke, wieder mit ihr in dieses elegante Geschäft gehen zu dürfen, ließ mein Herz höher schlagen.

Einige Tage später machte Frau Neubauer sich mit mir auf den Weg. Wir gingen über den Börneplatz, der seit einiger Zeit Dominikanerplatz hieß, den aber niemand so nannte, Richtung Zeil. An der Ecke Schäfergasse blieb Frau Neubauer stehen. „Siehst du dort hinten das große Gebäude, das ist die Liebfrauenschule, dort wirst du in die Schule gehen." Ich war etwas erstaunt, als Frau Neubauer das sagte. Warum sollte ich in diese Schule gehen? Alle anderen Kinder aus meinem Kindergarten gehen doch in die Annaschule, die direkt bei uns um die Ecke ist. Aber wenn Frau Neubauer das sagt, wird es schon stimmen. Außerdem war ich viel zu aufgeregt wegen des neuen Kleides, um mir darüber Gedanken zu machen.

Endlich waren wir da. Zuerst sahen wir uns die Auslage im Schaufenster an.

Goethestraße, Kaufhaus Pfüller

„Schlumpelchen, schau dir mal das schöne Kleid in der Ecke an, würde dir das gefallen?“ Ich nickte nur. Im Laden kam sofort eine Verkäuferin auf uns zu. Während Frau Neubauer mit ihr sprach, ging ich zu den Ständern mit den Kleidern und ließ meine Hand ganz vorsichtig an den zarten Stoffen entlang gleiten. „Komm mal her, Kleine, wir probieren diese Sachen mal an.“ Die Verkäuferin ging mit mir in die Umkleidekabine. „Jetzt machen wir eine kleine Modenschau.“ Jedes Mal, wenn sie mir ein Kleid oder einen Rock und eine Bluse angezogen hatte, ging ich zu Frau Neubauer. Sie hatte sich auf einen Stuhl neben den Spiegel gesetzt und schaute mir amüsiert zu, wenn ich mich vor dem Spiegel drehte. Ich fühlte mich wie eine kleine Prinzessin, es war herrlich. Wir entschieden uns dann für einen blauen Faltenrock und eine weiße Bluse mit blauem Rautenmuster. Beides wurde uns in eine elegante Tüte gepackt. „Gefällt es dir?“ Frau Neubauer strich mir zärtlich über den Kopf. Ich strahlte sie an: „Ja, es gefällt mir sehr gut, hoffentlich auch der Mama.“ Mir war bewusst, dass meine Mutter so schöne und teure Kleidung nicht hätte kaufen können. Frau Neubauer nahm mich an die Hand. „Wollen wir auf dem Rückweg bei der Tante Änne reinschauen?“ Insgeheim hatte ich das schon gehofft. Tante Änne war die Schwester von Frau Neubauer. Ihr und ihrem Mann Emil gehörten die Bäckerei und Konditorei Weidenweber auf der Zeil. Gerne gingen wir Kinder im Sommer zu ihr. Immer gab es zwei Bällchen Eis in der Waffel. Sie war eine sehr elegante Frau und liebte es, uns Kinder zu verwöhnen. Heute bekam ich in Tante Ännes Küche einen Becher mit heißem Kakao und ein Stück Nusskuchen, für mich eine wahre Köstlichkeit. Sie war ganz begeistert von den schönen Sachen, die wir gekauft hatten. „Jetzt beginnt für dich der Ernst des Lebens, aber mit der hübschen Bluse wird es ein schöner Start werden.“

Eine Woche später war es dann endlich soweit, mein erster Schultag. Fertig angezogen stand ich strahlend in der Küche; den Ranzen auf dem Rücken und meine Schultüte auf dem Arm. „Leg die Tüte noch einmal hin und komm zu mir, ich muss dir noch

Bäckerei und Konditorei Weidenweber, Zeil 20, etwa 1934

Liebfrauenschule und Froschbrunnen vor der Zerstörung 1944

etwas sagen." Mama war ganz ernst. „Wenn du in der Schule gefragt wirst, was du bist, musst du sagen, ich bin *Geltungsjude* oder *Mischling ersten Grades*". Ich stand wie vom Blitz getroffen da. Wer sollte mich denn so etwas fragen und warum? Wieso bin ich *Geltungsjude*? Jude! Dieses Wort hatte ich doch an dem schrecklichen Tag gehört, als die Synagoge brannte. Was habe ich denn damit zu tun? Frau Neubauer sagt mir doch immer, ich sei katholisch und in drei Jahren würde ich zur Kommunion gehen. Tausend Fragen schwirrten mir durch den Kopf, aber an Mamas Gesichtsausdruck konnte ich erkennen, eine Antwort würde sie mir nicht geben. In diesem Augenblick schwor ich mir: *Geltungsjude* sage ich in meinem ganzen Leben nicht. Wie benommen folgte ich Mama durchs Treppenhaus auf die Straße. Frau Neubauer stand vor ihrem Laden und hielt auch eine Schultüte in der Hand. Sie sah Mama an: „Hast du es ihr gesagt?" Mama nickte. „Liebe Lieselotte, jetzt bis du nicht mehr das „Schlumpelchen" jetzt bist du ein Schulkind. Ich wünsche dir von ganzem Herzen alles Gute, diese Tüte holst du dir später bei mir ab." Ich bekam kein Wort über die Lippen.

Mama nahm mich an die Hand und schweigend gingen wir nebeneinander her. Ich hätte sie so gerne gefragt, was das alles zu bedeuten hatte. Aber ich traute mich nicht, ich hatte tief in meinem Inneren Angst vor der Antwort. Erst viel später habe ich erfahren, dass es Frau Neubauer war, die meiner Mutter geraten hatte, mich in der Liebfrauenschule, einer reinen Mädchenschule, anzumelden. Dort kannten mich die Kinder nicht und kein Mädchen wusste, dass meine Mutter und mein Bruder Juden waren.

Endlich waren wir in der Schäfergasse angekommen. Das Schulgebäude sah sehr schön aus, es gefiel mir gut. Mitten im großen Schulhof stand ein Brunnen mit einem Frosch auf dem Brunnenstock. Er erinnerte mich gleich an das Märchen vom Froschkönig und ich war wieder etwas zuversichtlicher. Bevor wir in die Turnhalle zur Aufnahmefeier gingen, beugte sich meine Mutter noch einmal mit traurigem Blick zu mir. „Du musst mir versprechen, immer brav zu sein und nicht aufzufallen. Antworte nur, wenn du gefragt wirst und sei nie vorlaut, hast du das verstanden?" Wieder nickte ich. Warum gehe ich denn dann in die Schule, wenn ich nicht fragen darf? Ich würde es auf jeden Fall versuchen. Nachdem der Direktor eine kleine Rede gehalten hatte, wurden alle Mädchen einzeln aufgerufen. Mir war ganz schlecht, was sollte ich sagen, wenn ich schon heute gefragt würde, was ich bin? Ich fragte Mama: „Was muss ich sagen?", aber im gleichen Moment wurde mein Name genannt. „Eben bist du

Liselottes erster Schultag, April 1939

aufgerufen worden, lauf zu der Lehrerin dort, ich warte auf dich im Schulhof."

Unsere Lehrerin hieß Fräulein Färber, sie gefiel mir auf Anhieb. Als alle Namen aufgerufen waren, ging sie mit uns 40 Mädchen in den Klassenraum. Wir setzten uns alle in die Bänke und Fräulein Färber las noch einmal die Namen vor. Jedes Kind musste sich dann stellen und sie begrüßte alle noch einmal persönlich. Danach war der erste Schultag zu Ende.

Erleichtert lief ich zu meiner Mutter auf den Schulhof. Die Angst vor dem schrecklichen Satz „Ich bin *Mischling ersten Grades*" ließ mich nie mehr los.

Kinder vom „Wollgraben"
Liselotte vorne rechts, daneben ihr Bruder Helmut

Krieg

Waschtag bei Neubauers
Freitag, 1. September 1939

Im Hinterhof unseres Hauses stand ein kleines Gebäude, in dem zu ebener Erde die Waschküche lag. Alle vier bis sechs Wochen wurde gewaschen. Schon am Vorabend weichte Mama die weiße Wäsche im großen kupfernen Waschkessel ein. Am nächsten Morgen um vier Uhr in der Früh heizte sie das Feuer unter dem Kessel an. Immer wieder bewegte sie mit einem großen, hölzernen Löffel die Wäsche durch die heiße Seifenbrühe. Jula, Neubauers Hausmädchen, half ihr dabei. Sie fischte, ebenfalls mit einem hölzernen Löffel, die Wäschestücke vorsichtig aus dem Waschkessel und legte sie auf eine große Holzplatte. Wenn sie etwas abgekühlt waren, wurde jedes Stück noch einmal mit Kernseife eingerieben und dann mit einer Bürste oder auf dem Waschbrett kräftig geschrubbt. Uns Kindern war es streng verboten in die Nähe des heißen Wassers zu kommen, aber beim Auswaschen im kalten Wasser konnten wir helfen. Im Sommer war das für uns ein reines Vergnügen. Das Ganze war eine sehr schwere, schweißtreibende Angelegenheit und Jula und Mama waren bis in die Abendstunden beschäftigt.

Zur Stärkung gab es immer ein deftiges Essen bei den Neubauers und wir Kinder durften dann alle mitessen. Gleich nach der Schule war ich in die große Küche hinter dem Laden gelaufen.

Neubauers Bäckerbursche Helmut

Am riesengroßen Tisch saßen schon Neubauers vier Buben und die beiden Bäckerburschen Robert und Helmut. Auch deren Mutter, Frau Wenzel, die im Laden bediente, und ihr Mann waren schon da. Familie Wenzel wohnte ebenfalls im Haus. Herr Wenzel bezeichnete sich gerne als „ersten Schießer." Er war der „erste Geselle" und außer Herrn Neubauer war es nur ihm erlaubt, die Brote in den großen Backofen zu schieben. Jula und meine Mutter kamen mit Neubauers als letzte herein. Wir Kinder waren schon ungeduldig, aber wir mussten warten. Frau Neubauer war gut katholisch und keiner hätte gewagt, auch nur den Löffel anzurühren, bevor sie das Tischgebet gesprochen hatte. Ich kannte das von zu Hause nicht, fand es aber immer sehr schön, wenn wir dem lieben Gott für das Essen dankten. Wir Kinder mussten bei Tisch ruhig sitzen, ordentlich essen und durften nicht reden. Wer nicht gehorchte, wurde in die dunkle Speisekammer gesperrt.

An diesem Tag war eine eigenartige Stimmung im Raum. Die Erwachsenen saßen ganz ernst am Tisch und keiner sprach ein Wort. Herr Neubauer, der sonst ein sehr stiller Mann war, brach mit seiner tiefen Stimme das Schweigen: „Des kann doch net wahr sei, hab ich's net immer gesacht, der gibt net eher Ruh', bis mir Krieg habe. Jetzt is es soweit, des is der Anfang vom End'. Und die Leut jubele dem aach noch zu." Frau Neubauer versuchte ihren Mann zu beruhigen, doch der winkte nur ab. „Was heißt hier – ab heut wird zurück geschosse – ei, der hat doch als erster den Befehl zum Schieße gegebe. Erst überfällt der Polen und dann geht's immer weiter, der provoziert en neue Weltkrieg, ei, der letzte hat uns doch schon gereicht." Eisige Stille herrschte im Raum, einige nickten mit dem Kopf, aber keiner antwortete. Auch Frau Neubauer nicht, die sonst oft ihrem Mann widersprach. Alle aßen schnell ihren Teller leer und nach dem kurzen Dankgebet ging jeder wieder an seine Arbeit. Ich saß da und verstand kein Wort. Was bedeutet Krieg? Warum war Herr Neubauer so aufgeregt, so hatte ich ihn noch nie erlebt. Kurt und ich setzten uns ganz still in das kleine Stübchen neben dem Laden und begannen mit unseren Hausaufgaben. Ich wollte heute besonders schön schreiben. Ich schreckte aus meinen Gedanken hoch, als die Ladentür aufging. Eine Frau kam herein und sofort platzte es aus ihr heraus: „Heil Hitler, habe Se es im Radio gehört, mir ziehe in de Krieg, mein Mann hat sich schon freiwillig gemeld." Einen Moment zögerte Frau Neubauer, dann sagte sie ganz ruhig „Guten Tag, was kann ich für Sie tun?" Sobald die Frau aus dem Laden war, ging sie in die Küche zu meiner Mutter. „Hast du das gehört, jetzt kreischen die aach bei uns hier im Laden schon ‚Heil Hitler', ich glaube mein Jakob hat doch Recht. Das kann doch nicht wahr sein, manche Menschen freuen sich auch noch auf den Krieg." Was ist heute nur für ein Tag, alle sind laut, aufgeregt und gereizt. Immer häufiger sagen die Leute nicht mehr guten Tag oder guten Morgen sondern „Heil Hitler." Wer ist dieser Hitler? Einmal hatte ich ihn im Radio reden gehört. Papa schüttelte dabei immer mit dem Kopf und Mama saß wortlos am Tisch. Seine Stimme hat mir Angst gemacht, obwohl ich nicht verstehen konnte, was er sagte. Irgendwie war mir heute ganz komisch zumute. Ich ging hoch in unsere Wohnung, sicher war Helmut schon aus der Schule da und wir könnten zusammen spielen. Ich will nichts mehr hören von Hitler und Krieg.

Abends erzählte ich Papa, was heute bei den Neubauers los war und fragte ihn, was Krieg bedeutete. Er wurde ganz traurig und nahm mich auf den Schoß. „Das mit dem Krieg ist ungefähr so, wie wenn sich zwei Kinder streiten und sich nicht mehr vertragen können. Dann schlagen sie sich mit den Fäusten und am Ende hat entweder jeder eine Beule oder einer ist kräftiger und gewinnt und der andere verliert. Aber mach dir keine Gedanken, der Krieg ist weit weg, hier bei uns merkst du nicht viel davon." Mutter schaute ihn an und meinte: „Ich hoffe, du behältst Recht. Die Neubauern hat heut ein Schreiben bekommen, dass ab nächster Woche Zuteilungskarten ausgegeben werden. Sie darf nur noch Brot verkaufen, wenn die Leute ihre Lebensmittelkarten vorlegen und nur die Menge abgeben, die jedem zusteht."

Schon wenige Tage danach hatte sich die Situation für uns verschärft. Ich saß in der Küche bei Frau Neubauer über meinen Hausaufgaben, als Mama vom Einkaufen zurückkam. Obwohl sie leise sprach, konnte ich jedes Wort verstehen. „Als ich unsere Lebensmittelkarten abholen wollte, musste ich meinen Ausweis vorlegen. Der Kerl hinter dem Tresen schaute in eine Liste, blickte mich abschätzend an und meinte: ‚Sie und ihr Bub bekommen Karten für Juden. Hier auf dem Zettel steht, wo sie damit einkaufen können'" Frau Neubauer sah Mama ungläubig an: „Das kann ich gar nicht glauben, zeig mal her." Beide starrten auf das Schreiben. „Das wird ja immer schlimmer, jetzt könnt ihr nicht mal mehr einkaufen wo ihr wollt. Hoffentlich kommt nicht noch mehr auf euch zu." Sie legte Mama den Arm um die Schulter. „Vielleicht haben es deine Geschwister doch richtig gemacht, aber jetzt ist es ohnehin zu spät, jetzt kommt ihr nicht mehr raus." Was meinte sie damit?

Warum bekommen Mama und Helmut jetzt Zuteilungskarten für Juden und Papa und ich nicht? Mama hat doch gesagt, ich sei *Geltungsjude*, ist das etwas anderes als Jude? Immer wieder sprachen Mama und Frau Neubauer darüber, dass man so nicht mit jüdischen Kindern umgehen darf. Wieso ist Helmut Jude? Er geht doch nächstes Jahr zur Ersten heiligen Kommunion. Warum darf er schon seit November 1938 nicht mehr in die Holzhausen-Schule gehen, sondern muss ins Philanthropin[4] in der Hebelstraße? Immer wieder gingen mir diese Fragen durch den Kopf. Aber niemand sprach mit mir, keiner sagte mir, was los war. Mama wurde immer trauriger.

Kriegsvorbereitungen

Ich kann mich noch gut daran erinnern, als in unserem Haus im Wollgraben der Luftschutzkeller eingerichtet wurde. Ein Kellerraum bekam eine große Eisentüre und in die Wände zu den Nachbarhäusern wurden Durchgänge geschlagen. Wir Kinder fanden das aufregend. Während die Arbeiter an den Durchbrüchen bauten, stiegen wir durch die Öffnungen in das Nachbarhaus, streiften durch die Kellerräume und liefen dann durch die dortige Haustür auf die Straße. Nach einigen Tagen war das Loch wieder mit schmalen Backsteinen verschlossen. Neben dieser Wand wurde eine Spitzhacke angebracht, mit der man im Notfall diesen Durchlass wieder aufschlagen konnte. In der ganzen Altstadt wurden so die Häuser unter der Erde verbunden. Diese Maßnahme rettete bei den späteren, schweren Luftangriffen vielen Menschen das Leben. In den Luftschutzraum kamen Stühle, Tische und ein

4 Das Philanthropin (deutsch: *Stätte der Menschlichkeit*) war eine der Schulen der ehemaligen israelitischen Gemeinde in Frankfurt am Main. Es bestand von 1804 bis zur Schließung durch die Nationalsozialisten 1942.

Stockbett für uns Kinder. Außerdem Decken und Kerzen, falls der Strom ausfallen würde.

Auch die Wohnungen und Treppenhäuser wurden für bevorstehende Fliegerangriffe vorbereitet. An allen Fenstern mussten schwarze Verdunklungsrollos angebracht werden, die jeden Abend zugezogen wurden. Der Feind sollte beim Überfliegen die Stadt nichts erkennen können. Auf jedem Treppenabsatz stand ein Eimer mit Sand, einer mit Wasser und eine Feuerpatsche, um kleine Feuer schnell bekämpfen zu können. Abends lief der Luftschutzwart durch die Straßen, und wenn er an einem Fenster auch nur den kleinsten Lichtstrahl sah, schrie er ganz laut: „Licht aus" und jeder kontrollierte schnell seine Rollos oder schaltete die Lampe aus. Die Straßen waren stockdunkel, denn es brannten auch keine Laternen mehr. Damit man sich nach Einbruch der Dunkelheit einigermaßen orientieren konnte, waren die Kanten der Bürgersteige mit einem weißen Streifen versehen worden.

Wir Kinder fanden es sehr aufregend, wenn die Sirenen Voralarm heulten. Helmut sauste meistens sofort mit den Buben der Familie Neubauer in den Keller. Ich nahm meine Puppe auf den Arm und ging mit Mama langsam hinterher. Sie trug das kleine Köfferchen mit unseren wichtigsten Unterlagen. Papa kam fast immer erst nach dem Hauptalarm in den Keller. Er stand oft mit einigen Männern noch auf der Straße und schaute, ob wirklich Flugzeuge auf Frankfurt zuflogen. Frau Neubauer kam oft mit Gebäck oder Kuchen vom Vortag, wir Kinder spielten und die Erwachsenen unterhielten sich. Gelegentlich schaute der Luftschutzwart nach, ob alle Hausbewohner anwesend waren, denn es war verboten, in den Wohnungen zu bleiben. Wenn es spätabends oder in der Nacht Alarm gab, fing die Schule am nächsten Tag erst zwei Stunden später an. Das freute uns Kinder besonders. Wirklich Angst hatten wir in dieser Zeit nicht, denn wir wussten noch nicht, was ein Angriff bedeutete, vom Krieg hörten wir nur im Radio.

Meine Eltern hatten lange für einen Volksempfänger gespart, Papa war sehr stolz auf das Radio. Es stand auf dem Küchenschrank und immer pünktlich zu den Nachrichten wurde es angeschaltet. Seit Kriegsbeginn sendete der Großdeutsche Rundfunk stündlich Sondermeldungen. Vor den Nachrichten erschallte eine Fanfare, dann berichtete die Heeresführung von den Erfolgen an der Front. Zum Abschluss erschallte wieder die Fanfare. Meistens hatten alle Nachbarn die Radios so laut, dass die Ansagen in der ganzen Straße zu hören waren. Auch ich hörte immer gespannt die Sondermeldungen, denn am nächsten Tag wurden wir Kinder in der Schule danach gefragt. Wer nicht aufgepasst hatte und die Fragen der Lehrerin nicht richtig beantworten konnte, bekam einen Eintrag ins Klassenbuch. Ich sollte ja auf keinen Fall auffallen, und daher hörte ich immer ganz genau zu. Jeden Sonntagnachmittag hörten Helmut und ich den Kinderfunk. Begeistert lauschten wir den Geschichten, sangen bei den Liedern mit und bei Musikstücken schlug Helmut mit einem Kochlöffel am Küchenschrank den Takt dazu. Nur ganz selten haben wir diese Sendung versäumt.

Im Winter 1939 lag Papa mit Fieber im Bett. Bisher war er noch nie krank gewesen. Damit er die Nachrichten hören konnte, hatte Mama ihm das Radio ans Bett gestellt. Sie war zum Einkaufen in die Stadt gegangen. Ich saß in der Küche und machte gerade meine Hausaufgaben, als es an der Wohnungstür klingelte. Vorsichtig öffnete ich die Tür. Vor mir standen zwei SA-Männer (Sturmabteilung) in braunen Uniformen, ich war starr vor Schreck. Ohne ein Wort zu sagen, schoben sie mich zur Seite und traten in die Wohnung. Aus dem Schlafzimmer drang leise Musik. Die Männer schritten mit ihren schweren Stiefeln geradewegs zum Schlafzimmer und stießen die Tür auf. Ich stand immer noch an der

Wohnungstür und konnte vom Flur aus sehen, wie einer zum Nachttisch ging, den Stecker aus der Steckdose zog und sich das Radio unter den Arm klemmte. „Halt, das ist mein Radio." Papa richtete sich im Bett auf und versuchte den Mann daran zu hindern, unser Radio mitzunehmen. „Juden ist Radio hören verboten, und Sie sind mit einem Judenweib verheiratet." Ich wollte noch sagen, dass ich jeden Tag in der Schule nach den neuesten Nachrichten gefragt werde und wir deshalb das Radio brauchen. Aber so schnell wie die Männer gekommen waren, waren sie wieder verschwunden. Papa und ich waren sprachlos, unser schönes Radio war weg. Was würde Mama sagen? Aber am allerschlimmsten war für mich, dass die Männer so abfällig über meine Mutter gesprochen hatten. Ich konnte Jahrzehnte später das Hemd meines Schwiegersohns, das die gleiche braune Farbe hatte, nicht bügeln. Zu stark war die Erinnerung an diesen Augenblick.

In den nächsten Tagen ging ich voller Angst in die Schule. Was sollte ich antworten, wenn nach den Sondermeldungen gefragt würde? Einige Male habe ich Marion, die meistens mit mir zur Schule lief, gebeten, mir von den Sondermeldungen zu erzählen. Nach dem dritten Tag reagierte sie schnippisch. „Ich will dir nicht jeden morgen erzählen, was gestern im Radio gemeldet wurde, hör dir die Sondersendungen doch selbst an." Nun verstärkte sich meine Angst immer mehr. Ich hatte keine Möglichkeit Radio zu hören und wusste nicht, was los war. Lange Zeit ging es gut, doch dann kam der gefürchtete Moment. „Liselotte, es fällt mir schon seit einiger Zeit auf, dass du dich nicht mehr meldest, wenn ich nach den neuesten Erfolgen unserer Armee frage." Fräulein Müller schaute mich streng an. Ich fürchtete mich vor ihr, wenn sie morgens in ihrer Uniform in die Klasse kam, „Heil Hitler" rief und dabei den rechten Arm hochriss. Sie war so ganz anders als unser Fräulein Färber. Weil ich eine der Kleinsten in der Klasse war, saß ich in der ersten Reihe. Die letzten Wochen hatte ich immer unter mich geschaut, wenn sie nach den Meldungen fragte. Nun gab es kein Entrinnen mehr. Ich stand auf, stellte mich neben die Bank und sagte ganz leise: „Zwei Männer haben unser Radio abgeholt.“ Die Lehrerin zeigte keine Reaktion, die Antwort war ihr offensichtlich nicht genug. „Ich bin *Mischling ersten Grades.*“ Jetzt war es raus! Mir klopfte das Herz bis zum Hals, aber trotzdem erleichtert, setzte ich mich wieder in die Bank. Ich hatte ganz leise gesprochen. Viele meiner Mitschülerinnen hatten mich nicht richtig verstanden. Auch Marion, die direkt hinter mir saß, nicht. Sie spottete auf dem Heimweg: „Sicher hat dein Papa das Radio nicht bezahlt, sonst müsste es der Händler ja nicht abholen.“ Ich ließ sie in ihrem Glauben, denn das war auf jeden Fall besser, als wenn sie gewusst hätte, dass ich Halbjüdin bin. Sie hätte es sofort allen Kindern in der Klasser erzählt. Von da an fragte mich die Lehrerin nie mehr nach den Sondermeldungen. Vermutlich wollte sie mir das Leben nicht noch schwerer machen.

Einkaufen mit J-Karten

Juden konnten nicht mehr einkaufen, wo sie wollten. Nach dem Gesetz war es keinem Arier zuzumuten, neben einem Juden im Laden zu stehen. Mama und ich gingen jetzt einmal in der Woche in ein Geschäft in der Nähe des Zoos. Nur am Donnerstag konnten wir dort zwischen 18:00 und 20:00 Uhr mit J-Lebensmittelkarten einkaufen. Ich kannte den Weg gut, denn vor dem Krieg waren wir im Sommer öfter im Ostpark. Damals liefen wir froh und glücklich, und die Zeit verging wie im Flug. Wenn wir jetzt zum Einkaufen gingen, erschien mir die Strecke endlos lang. Mama fragte mich unterwegs nach der Schule, aber ich merkte, dass ihre Gedanken ganz woanders waren. Wenn wir nach fast zwanzig Minuten Fußmarsch gegen 17:30 Uhr ankamen, standen meistens schon viele Menschen vor dem Geschäft. Es war eine sehr erniedrigende Situation, alle warteten stumm und demütig. Die meisten blickten unter sich, für mich war es sehr beängstigend. Inbrünstig hoffte ich, dass mich kein Kind aus meiner Schule hier sehen würde. Bisher wusste niemand in der Klasse, dass Mama und Helmut Juden waren. Es war zu dieser Zeit ganz außergewöhnlich, dass Menschen vor Geschäften anstanden, so war es für jeden schon von weitem erkennbar, dass hier Juden einkauften. Ich habe es zum Glück nie erlebt, dass die Wartenden angepöbelt wurden, aber es kam oft vor, wie ich aus Gesprächen meiner Mutter mit Frau Neubauer wusste.

Wenn wir, manchmal erst nach über einer Stunde Wartezeit, endlich an die Reihe kamen, legte Mama die Karten wortlos auf die Theke und sagte ganz höflich: „Bitte geben Sie uns die vorgesehene Menge für diese Woche." Oft gab uns der Verkäufer nur einen Teil der uns zustehenden Ware. Wenn Mama dann noch einmal nachfragte, kam fast immer die Antwort: „Das haben wir nicht mehr, kommen Sie nächste Woche wieder." Dieses Geschäft war bis 18:00 Uhr für jedermann, außer für Juden, geöffnet. Wenn die Lebensmittel knapp waren, wurde das meiste für die „normale" Kundschaft zurückgehalten.

Unser größtes Glück war, dass Frau Neubauer zu uns wie eine gute Freundin war. Oft hat sie uns Brot oder Brötchen ohne Karten verkauft und wenn zufällig ein Kunde im Laden war, tat sie nur so, als ob sie eine Marke abschneiden würde. Manchmal rief sie ganz laut vom Hinterhof zu uns in den vierten Stock: „Schick das Schlumpelchen runter, und sie soll die Karte nicht vergessen." Wenn ich dann in die Küche kam, hatte sie schon eine große Tüte mit Brötchen oder Gebäck zurechtgemacht. „Heute schneide ich mal wieder was von eurer Karte ab, sonst machen die mir noch Schwierigkeiten." Sie schnitt einige unserer Marken ab und klebte sie mit all den anderen auf einen großen Bogen, den sie beim

Ernährungsamt abliefern musste. Danach richtete sich die Menge Mehl, Butter, Eier und was sonst noch in einer Bäckerei benötigt wurde, die sie zugeteilt bekam. Hin und wieder habe ich mir für ein paar Groschen mit den übrig gebliebenen Marken beim Bäcker Höhner ein Nusshörnchen oder einen Zuckerkringel gekauft. Immer hatte ich dabei ein schlechtes Gewissen, weil ich Frau Neubauer damit eigentlich hintergangen hatte. Aber die Freude, mir etwas Süßes selbst aussuchen zu können, war stärker.

Helmut muss ins Heim
Winter 1940

Immer mehr Männer wurden zum Militärdienst eingezogen und kämpften an der Front. Arbeitskräfte waren knapp, und so wurden zunehmend Juden dienstverpflichtet. Mama hatte schon immer stundenweise bei der Bäckerei Neubauer gearbeitet, sie war aber immer da, wenn wir aus der Schule kamen. Nun war auch sie dienstverpflichtet worden und musste in einer Wäscherei in Niederrad schwer arbeiten. Manchmal holten Helmut und ich sie dort ab. Wir sind dann mit der Straßenbahn bis zum Haardtwaldplatz gefahren. Gemeinsam mit Mama fuhren wir wieder zurück. Das war für uns schon ein großes Erlebnis.

Zwei Monate später brachte der Briefträger Post. Wir bekamen nicht oft Briefe und ich legte den Umschlag für Mama auf den Küchentisch. Sie machte ihn auf und setzte sich an den Tisch. Während sie noch den Brief las, kam Papa nach Hause. „Das kann ich gar nicht glauben, Fritz, komm und schau dir das an." Papa nahm den Brief, las und seufzte. „Ich habe schon davon gehört, dass sie jüdische Kinder in Heime bringen, aber ich hatte gehofft, sie würden Helmut nicht holen. Vielleicht ist es nur vorübergehend." Mama war nervös. In ihrer direkten Art sagte sie zu Helmut: „Am

Montag muss ich dich ins Jüdische Kinderheim im Röderbergweg bringen. Uns bleibt nichts anderes übrig. Aber ich verspreche dir, wir besuchen dich so oft es geht."

Sie schaute ihn mit traurigem Blick an. Helmut sagte kein Wort, er war kreidebleich geworden. Was hat das zu bedeuten? Ich suchte Papas Blick, aber der sah nur unter sich. Schweigend aßen wir unser Abendbrot, wie immer wurde nicht weiter darüber gesprochen. Kurz vor dem Einschlafen habe ich es gewagt, Helmut zu fragen. „Was hat Mama damit gemeint, dass du in ein Kinderheim kommst? Bist du dann nicht mehr zu Hause, wenn ich mittags von der Schule komme? Aber abends darfst du doch nach Hause, oder?" „Das weiß ich nicht genau. Einige meiner Mitschüler im Philanthropin wohnen schon länger nicht mehr bei ihren Eltern, sondern im Kinderheim. Am besten schläfst du jetzt." Er drehte seine Nachttischlampe aus. „Ich komme dich immer mit der Mama besuchen, und sicher bist du bald wieder bei uns." Angst stieg in mir hoch. Ich hoffte von ganzem Herzen, dass Helmut

Jüdisches Waisenhaus, Röderbergweg 87

bald wieder zu uns zurückkommen würde. Dann hörte ich ihn ganz leise weinen, und auch ich weinte mich in den Schlaf.

Wir waren alle unglücklich, Helmut lebte nicht mehr bei uns im Wollgraben. Jeden Morgen gingen Mama und Papa schon sehr früh aus dem Haus, und ich musste ganz alleine aufstehen. Mama drehte mir den Wecker auf sieben Uhr. Damit ich ihn auch hörte, stellte sie ihn noch zusätzlich auf einen Teller, das Klingeln wurde dadurch richtig laut. Wenn er loslegte, sprang ich sofort aus dem Bett.

Mir fiel es schwer, so ganz alleine in der stillen Wohnung zu sein. Ich war schon in der zweiten Klasse und bald acht Jahre alt, aber mir war immer unheimlich zumute. Schnell zog ich mich an, trank einen Schluck Milch, packte mein Frühstücksbrot, das Mama mir zum Becher Milch gelegt hatte, in den Ranzen und lief schnell aus der Wohnung. Ich ging zu meiner Schulfreundin Marion. Sie wohnte bei ihrer Oma, Frau Ofenloch, in der Fronhofstraße direkt am Dominikanerplatz. Schon der Name klang so lustig. Bei Oma Ofenloch, wie ich sie nannte, war es auch immer lustig. Die kleine Frau hatte immer ein Lächeln im Gesicht und ein gutes Wort für mich. Bei ihr fühlte ich mich rundum wohl, sie war so, wie ich mir eine Oma gewünscht hätte. Sie mochte mich auch sehr gerne, denn im Gegensatz zu Marion, die sofort mit dem Fuß auf den Boden stampfte, wenn sie nicht bekam, was sie wollte, war ich ein sehr ruhiges Kind. Ich glaube, sie wusste, dass Mama und Helmut Juden waren, denn manchmal fragte sie mich: „Bist du sehr traurig?“ Wenn ich dann mit dem Kopf nickte, tröstete sie mich. „Es wird schon wieder alles gut werden, du kannst immer zu mir kommen.“ Wenn im Radio die Wasserstandsmeldungen verlesen wurden, machten Marion und ich uns auf den Weg zur Schule. Oma Ofenloch winkte uns noch aus dem Fenster zu. Auch ich habe mich immer noch einmal umgedreht und ihr zurückgewinkt.

Nach der Schule ging ich jetzt jeden Tag zum Mittagessen zu Neubauers. Für Frau Neubauer war das selbstverständlich, dass ich bei ihr sein konnte. Sie strich mir manchmal über den Kopf und seufzte dabei leise, auch sie war nicht mehr wie früher. Selbst Jula, die uns Kinder schon mal tüchtig ausgeschimpft hatte, wenn wir zu laut waren, schaute mich traurig an. Ich fühlte mich einsam und verlassen, ich vermisste Helmut und machte mir immer wieder Gedanken, warum er weg musste. Ich hatte große Angst, auch bald in ein Kinderheim zu kommen.

Nachdem ich meine Hausaufgaben gemacht hatte, ging ich in unsere Wohnung. Ich setzte mich an den Küchentisch und wünschte mir, Helmut wäre wieder da. Wir könnten zusammen essen, Geschirr spülen, Hausaufgaben machen und spielen, bis Mama und Papa nach Hause kommen. Oft hielt ich es in der stillen Wohnung nicht aus und ging zu Frau Fischer, die im Nachbarhaus mit ihrer kleinen Tochter Hildegard wohnte. Sie hatte Mama sofort

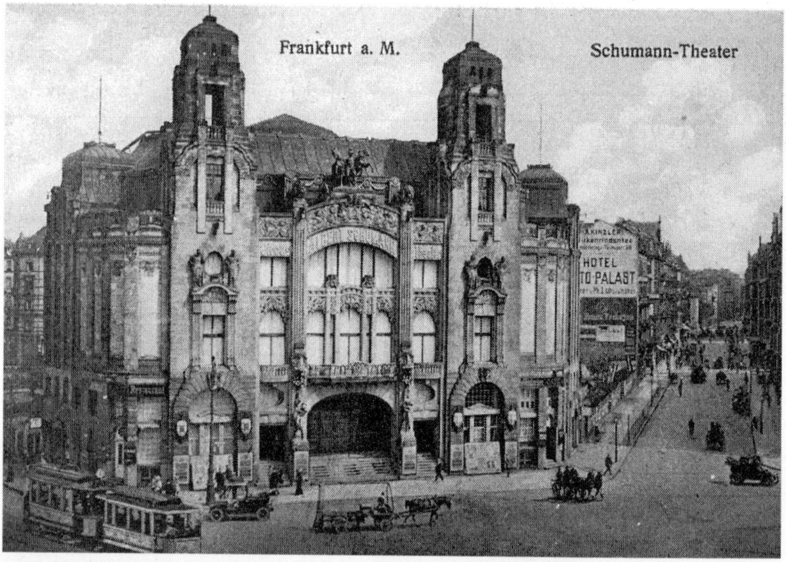

Schumann-Theater, erbaut 1905, 1944 teilweise zerstört

angeboten, dass ich jederzeit zu ihr kommen könnte. Sie musste nicht arbeiten, denn ihr Mann war als Soldat an der Front, und so durfte sie sich zu Hause um ihre vierjährige Tochter kümmern.

Manchmal gingen wir gemeinsam ins Nizza oder in die Altstadt spazieren. Einmal hat sie mich sogar mit ins Varieté im Schumann-Theater am Hauptbahnhof mitgenommen. So etwas hatte ich noch nie gesehen. Von außen sah das Gebäude wie eine große Kirche mit zwei Türmen aus. Über eine breite Treppe gingen wir in den Eingangsbereich. Hier erwarteten uns junge Frauen, denen wir unsere Mäntel abgeben konnten. Es gab zu essen und zu trinken. Ich kannte bisher nur das Gasthaus Best und in der Schirn das Lokal „Zur alten Eule". Das hier war wie im Märchen. Im Zuschauerraum saßen wir auf feinen roten Samtsesseln, an den goldenen Wänden hingen herrliche Kristallleuchten und über dem Zuschauerraum war eine riesige Kuppel. Die Bühne war so weit von unserem Platz entfernt, dass ich die Menschen fast nicht erkennen konnte. Manche Besucher hatten Operngläser, um besser sehen zu können. Ich war sprachlos und begeistert zugleich. Affen führten Kunststücke vor, Akrobaten sprangen in die Luft und überschlugen sich, Männer schwangen an großen Schaukeln durch die hohe Kuppel. Zu allem erklang wunderschöne Musik. Wir haben viel gelacht. Zwischendurch habe ich immer wieder an Helmut gedacht. Ihm hätte es hier auch sehr gut gefallen, ich muss es ihm am Samstag erzählen. Oder besser nicht, denn sonst wird er noch trauriger.

Kommunionunterricht

Im Frühjahr 1941 meldete Mama mich in der Domgemeinde zum Kommunionunterricht an. In unserer Familie war Religion kein Thema. Gebete kannte ich nur von Neubauers und aus der

Pfarrstunde. In der Schule gab es keinen Religionsunterricht. Ich bin mir heute ganz sicher, dass Frau Neubauer dafür gesorgt hatte, dass ich zum Kommunionunterricht gehen konnte, denn nach dem Krieg gestand mir meine Mutter, dass sie ihr schon 1933 geraten hatte: „Entweder ihr lasst euch taufen oder ihr wandert aus. Der wird alle Juden aus dem Land jagen." Daraufhin hatte sie Helmut und mich und ein Jahr später auch sich selbst taufen lassen. So war es selbstverständlich, dass ich auch zur Erstkommunion gehen würde.

Ich war sehr aufgeregt. Gern wäre ich das erste Mal gemeinsam mit Kurt, dem Sohn von Neubauers, zum Kommunionunterricht gegangen. Aber das war nicht möglich. Der Unterricht fand für Mädchen und Jungen getrennt statt. So machte ich mich allein auf den Weg. Das Gemeindezentrum der Domgemeinde lag direkt neben meinem Kindergarten. Eine kleine Gruppe Mädchen stand schon im Hof. Sie redeten und lachten wild durcheinander. Als ich näher kam, schauten sie mich neugierig an. Ich war ihnen fremd, denn ich ging nicht in die gleiche Schule wie sie. Ein Mädchen, das schon im Wollgraben nie mit mir gespielt hatte, deutete mit dem Finger in meine Richtung und tuschelte. Sofort schauten alle zu mir und gingen dann ein paar Schritte zur Seite. Immer mehr Mädchen kamen und gesellten sich zu den anderen. Ich blieb ganz allein stehen. Am liebsten wäre ich wieder nach Hause gelaufen, aber das traute ich mich nicht.

Im Gemeindesaal begrüßte uns Kaplan Frink: „Setzt euch bitte. Damit ich eure Namen besser lernen und behalten kann, bleibt ihr während der ganzen Zeit am gleichen Platz sitzen." Kein Mädchen wollte sich zu mir setzen. Von Anfang an fühlte ich mich als Außenseiterin. Gespannt hörte ich dem Kaplan zu. „Wir wollen in der nächsten Zeit etwas von unserem Herrn Jesus lernen. Seht ihr ihn dort über der Tür am Kreuz hängen? Wer weiß, von wem unser

Heiland an das Kreuz geschlagen wurde?" Ohne auf eine Antwort zu warten, fuhr er fort: „Das waren die Juden, die Juden haben Jesus in Jerusalem an das Kreuz genagelt." Ich sank auf meinem Stuhl zusammen. Mir wurde schlecht vor Angst. Ich konnte es nicht glauben. Wieso sollten die Juden so etwas tun? Nie hatte Frau Neubauer mir das erzählt, wenn wir zum lieben Herrn Jesus beteten. Was würde geschehen, wenn der Kaplan wüsste, das Mama Jüdin ist und ich *Mischling ersten Grades*? Auf keinen Fall durfte er es erfahren, denn sonst könnte ich nicht zur Kommunion gehen.

Danach bin ich jede Woche aufgeregt, aber mit viel Freude zum Unterricht gegangen. Zuerst haben wir in den „Biblischen Geschichten" gelesen und anschließend hat Kaplan Frink uns von der heiligen Familie erzählt. Ich habe auch zu Hause gerne in diesem Buch gelesen. Es war neben meinem Lesebuch aus der Schule mein einziges. Oft habe ich Marion vom Kommunionunterricht erzählt. Nicht nur, weil es mir so gut gefallen hat, sondern hauptsächlich, damit sie wusste, dass ich katholisch bin.

Obwohl nie ein Mädchen etwas Abfälliges zu mir sagte, fühlte ich mich in der Gruppe nicht angenommen. Immer stand ich abseits. Um nicht aufzufallen, meldete ich mich oft, wenn der Kaplan Fragen stellte. Ihm war es offenbar nicht entgangen, dass ich außerhalb der Gruppe stand. In einer Unterrichtsstunde sprach er darüber, dass Jesus ganz besonders die Menschen liebt, die schwach und ängstlich sind und oft einsam im Leben stehen. Nach dieser Stunde haben sich die Mädchen öfter mit mir unterhalten, langsam wurde ich in die Gemeinschaft aufgenommen.

Eine Unterrichtsstunde ist mir bis heute im Gedächtnis. Der Kaplan erzählte von der heiligen Familie. Den genauen Inhalt habe ich nicht behalten, aber einen Satz werde ich nie vergessen: „Maria, Josef und auch Jesus waren Juden." Ich konnte es nicht glauben und jetzt wurden alle Juden beschimpft. Ich fasste mir ein Herz, meldete mich und fragte: „Habe ich das richtig verstanden, Jesus war ein Jude?“ Er antwortete nur mit einem knappen: „Ja!“ Ich hätte jubeln können, unser Heiland war auch Jude gewesen. Am Abend habe ich es sofort Mama erzählt. Ich hoffte, sie würde sich darüber ebenso freuen wie ich. Aber sie zuckte nur mit den Achseln. „Das habe ich nicht gewusst. Das hilft uns jetzt auch nicht weiter.“ Ganz allein in meinem Bett betete ich: „Lieber Gott, wenn du auch Jude warst, dann hilf uns bitte. Besonders Mama und Helmut im Heim, damit wir diese schreckliche Zeit überstehen.“

Der Gedanke, dass Jesus auch Jude war, hat mir sehr geholfen. Von da an freute ich mich sehr auf meine Erste heilige Kommunion.

Seppel erzählt

Sommer 1941

Als ich aus der Schule kam, hörte ich schon im Hausflur lautes Stimmengewirr aus Neubauers Küche. Vorsichtig öffnete ich die Tür. Seppel Ziegler saß am Küchentisch und alle redeten durcheinander. Vor dem Krieg wohnte er bei seinen Eltern, ein Stockwerk unter uns. Er war der Enkel vom Schneider Aulbach, der mir den schönen Mantel genäht hatte. Immer war er lustig gewesen. Manchmal spielte er mit den Buben Fußball oder führte uns Kindern Kunststücke vor. Er wurde gleich nach Kriegsausbruch zum Militär eingezogen. Erst jetzt, nach fast zwei Jahren, hatte er das erste Mal Heimaturlaub. Alle wollten von ihm wissen, wie es ihm an der Front ergangen ist und ob der Krieg bald vorbei wäre. Als er mich sah, kam er sofort auf mich zu: „Schau dir doch das Schlumpelchen an.“ Ich freute mich sehr, ihn wieder zu sehen, auch wenn ich Angst vor seiner Uniform hatte. „Du bist ja richtig groß geworden, sicher kannst du schon richtig lesen und schreiben. Gefällt es dir in der Schule?“ Ich nickte. „Sag deinen Eltern, ich komme sie heute Abend besuchen.“ Das würde ich gerne tun, denn ich konnte Seppel immer gut leiden.

•

Nach dem Abendessen klopfte es an der Wohnungstür. Seppel kam, diesmal Gott sei Dank nicht in Uniform. Er setzte sich zu uns an den Küchentisch. „Liselotte, ich denke es ist Zeit für dich zu Bett zu gehen.“ Gerne wäre ich noch geblieben, aber Mamas Blick war eindeutig. Seit ich allein im Kinderzimmer schlief, stand die Tür zwischen der Stube und der Küche immer einen Spalt breit offen. Ich hatte Angst im Dunkeln. Ich lauschte und konnte gut hören, was Seppel sagte. Zuerst sprach er von seinen Kameraden und dass schon einige gefallen waren. In der Bäckerei hatte ich bereits gehört, dass Soldaten an der Front gefallen waren. Immer weinten die Frauen, wenn sie davon erzählten, dass ihre Männer oder Söhne nicht mehr lebten. Immer aufgeregter berichtete Seppel von den vielen kleinen Dörfern, durch die sie in Polen marschiert waren. Dann sagte er: „Ihr müsst sehen, dass ihr hier wegkommt. Ihr könnt euch nicht vorstellen, wie die in Polen mit den Juden umgehen, die behandeln sie schlimmer als das Vieh. Versucht, aufs Land zu kommen. Weit weg von Frankfurt, wo euch niemand kennt. Wandert am besten aus.“ Mir stockte der Atem, ich setzte mich auf, um besser hören zu können. „Wie stellst du dir das vor, Juden dürfen ihren Wohnort ohne Genehmigung der Gestapo (Geheime Staatspolizei) nicht verlassen. Wir können nicht weg. Helmut lebt nicht mehr bei uns, den haben sie schon in ein jüdisches Kinderheim gesteckt. Den bekommen wir dort nicht heraus.“ Mamas Stimme überschlug sich. Ich spürte bis ins Kinderzimmer, wie aufgeregt sie war. Mich wunderte, wie offen sie mit Seppel über sich und Helmut sprach. „Was machen die denn mit den Juden?“ Papas Stimme hörte ich nur ganz leise. „Ich kann es fast nicht aussprechen. Die zwingen die polnischen Juden, ihr eigenes Grab zu schaufeln. Männer, Frauen, Alte und Gebrechliche und sogar die Kinder." Ich hörte ganz deutlich, wie Seppel schluchzte. „Das sind doch keine Menschen, die so etwas tun." Dann wurde es still, jemand hatte die Tür zugemacht. Ich war wie gelähmt, mir liefen die Tränen übers Gesicht. Polen ist bestimmt weit weg. Hier würde uns niemand so etwas Grausames antun.

Dann fiel mir Onkel Arthur ein. Es war schon lange her, dass er uns das letzte Mal besucht hatte. Er war der Halbbruder meiner Mutter und der Einzige, der immer wieder einmal zu uns kam. Der sonst so lustige und zu Scherzen aufgelegte Onkel war an diesem Tag sehr ernst. Er unterhielt sich lange mit Mama. Er und die übrigen Geschwister wollten gemeinsam mit ihrer Mutter auswandern. Immer wieder redete er auf sie ein, sie solle mitkommen, oder ihm wenigstens den Helmut nach Amerika mitgeben. Hier wäre es für sie und Helmut zu gefährlich. Mama schüttelte immer wieder den Kopf. „Wir bleiben hier, wir sind alle getauft. Mein Fritz wird dafür sorgen, dass uns nichts passiert." Bevor Onkel Arthur weg ging, drückt er Mama ganz fest. Beide hatten Tränen in den Augen. Dann nahm er Helmut und mich an die Hand und ging mit uns in die Bäckerei Neubauer. Wir durften uns etwas aussuchen. Ich bekam das kleine Marzipanschwein mit dem Glückspfennig im Maul, mit dem ich schon lange geliebäugelt hatte. Auch uns drückte er zum Abschied noch einmal ganz fest. Er war wieder wie immer. Lachend winkte er uns noch einmal zu, bevor er um die Ecke bog. Onkel Arthur haben wir nach seiner Auswanderung nach Amerika nicht wieder gesehen.

Am nächsten Morgen hätte ich Mama gerne gefragt, warum Seppel gesagt hat, wir müssten aus Frankfurt weg. Aber das ging nicht. Sie hätte dann gewusst, dass ich an der Tür gelauscht hatte.

22. Juni 1941	*Einmarsch der deutschen Truppen in die Sowjetunion*
ab September 1941	*Einführung des Judensterns* *Erste Versuchsvergasungen im KZ Auschwitz*
20. Januar 1942	*Wannsee-Konferenz über die „Endlösung der Judenfrage"*

Ausgrenzungen

Helmut trägt einen gelben Stern

Helmut war nun schon fast ein Jahr im Heim. Jeden Samstag, wenn Mama von der Wäscherei in Niederrad kam, gingen wir zum Röderbergweg. Als wir an diesem Samstag ankamen, wartete Helmut nicht wie gewohnt schon am Zaun auf uns. Mama rief eines der Kinder, die in der Nähe des Tores spielten. „Weißt du, wo der Helmut ist?" „Frau Sonneberg, ich habe ihn gerade noch gesehen, der ist nur kurz ins Haus gegangen." Wieso sagte das Mädchen Frau Sonneberg zu Mama? Warum erklärt Mama ihr nicht, dass sie Wessinger hieß? Während ich noch nachdachte, kam Helmut aus dem Haus. Er lief heute auffallend langsam. Wieso hat er einen gelben Stern auf seiner Jacke? Mama schaute ebenfalls auf den Stern. Sie versucht ihre Überraschung zu verbergen. Als Helmut endlich bei uns war, konnte ich deutlich „Jude" lesen. Helmut reagierte sofort. „Das bekommen jetzt alle hier auf ihre Jacken genäht. Am liebsten würde ich überhaupt nicht mehr aus dem Haus gehen. Aber wir müssen ja jeden Tag zur Schule ins Philanthropin." Mama versuchte, ihn zu beruhigen. Ich wusste nicht, was ich sagen sollte. Ich hatte in dieser Woche auf dem Weg zur Schule schon zwei Männer mit dem gleichen Stern gesehen. Helmut mit diesem Stern zu sehen, machte mich unendlich traurig.

Ich berichtete ihm von der Schule, aber er antwortete mir nicht. „Was habt ihr denn in dieser Woche gelernt?“ Ich wollte ihn dazu bewegen mir etwas zu erzählen und nicht an den Stern zu denken. „Meistens bekommen wir aus der Thora vorgelesen, in Hebräisch. Das verstehe ich doch nicht. Mir macht das alles keinen Spaß.“ Die meisten Kinder im Heim kamen aus streng jüdischen Familien und kannten die Thora von zu Hause. Helmut hatte vorher nie etwas vom Judentum gehört. Er wusste, bevor er hier ins Heim kam, nicht einmal, dass er Jude war. Heute waren Mama und ich besonders traurig, als wir uns verabschiedeten. Ich war völlig durcheinander. Wieso hatte das Mädchen Frau Sonneberg zu Mama gesagt? Wieso muss Helmut einen Stern tragen und Mama nicht? Muss ich vielleicht auch bald einen Stern tragen?

Frau Neubauer stand vor der Bäckerei und winkte uns zu. Mama erzählte ihr von Helmut. Sie schüttelte den Kopf. „Ich hoffe, die Kaffeestückchen haben die Kinder etwas getröstet. Am nächsten Samstag nehmt ihr eine besonders große Tüte mit.“ Während Mama gleich in unsere Wohnung ging, schlüpfte ich noch einmal zu Frau Neubauer in die Küche. Ich wollte unbedingt erfahren, warum die Kinder „Frau Sonneberg“ zu Mama gesagt hatten. Frau Neubauer lächelte etwas, als ich sie danach fragte. „Komm mal her zu mir, ich will versuchen, es dir zu erklären. Als Helmut auf die Welt kam, war deine Mama noch nicht mit deinem Papa verheiratet. Sie hieß damals Sonneberg und so bekam auch Helmut diesen Namen. Erst als sie deinen Papa heiratete, änderte sich ihr Name. Von da an war sie Frau Wessinger. Und weil du erst nach der Hochzeit deiner Eltern geboren wurdest, heißt du auch Wessinger.“ Ich nickte, aber verstanden habe ich das nicht.

In den folgenden Wochen sah ich immer häufiger Männer, Frauen und auch Kinder auf meinem Schulweg mit einem gelben Judenstern. Einmal erlebten Marion und ich, wie einige Buben der

HJ (Hitlerjugend) drei junge jüdische Männer verprügelten. Sie schlugen dem einen ins Gesicht und spuckten die anderen an. Dann liefen sie lachend davon. Einige Erwachsene sahen zu. Obwohl ein Mann starkes Nasenbluten hatte, half ihm keiner. Alle gingen weiter als wäre nichts geschehen. Vielleicht war es besser, dass Helmut im Heim war, dort war er wenigstens sicher.

Am Börneplatz
Oktober 1941

Es war kalt. Ich lief schnell über den Börneplatz zu Marion und Oma Ofenloch. Es war nun schon drei Jahre her, dass die große Synagoge abgebrannt war. Der gesamte Schutt war schon lange weggeräumt, nicht der kleinste Stein war übrig geblieben. Der große Platz war meistens menschenleer. Vor einigen Tagen hatte ich an der Seite zum alten jüdischen Friedhof eine Gruppe Menschen gesehen. Die meisten trugen schwarze Mäntel und hatten Koffer vor sich stehen. Was wollten die dort? Als ich vom Unterricht kam, war die Gruppe größer geworden. Ich hatte mir nichts dabei gedacht und bin nach Hause gegangen. Als ich heute mit Marion von der Schule zurücklief, stand wieder eine große Menschenmenge auf dem Platz. „Was machen die Leute denn dort?“ Marion zeigte mit dem Finger in die Richtung. „Schau mal, die haben alle einen gelben Stern auf der linken Brust. Ich glaube, das sind Juden.“ Ich wollte auf gar keinen Fall mit ihr darüber reden. Sie wusste immer noch nicht, dass Mama und Helmut Juden waren und dass Helmut im Kinderheim war. Da er von Anfang an in eine andere Schule ging als wir, war es ihr nicht aufgefallen.

Schnell verabschiedete ich mich und lief nach Hause. Der Gedanke an die Menschen auf dem Platz ließ mich nicht los. Nach einer Stunde kam ich zurück. Ich erschrak, die Menschenmenge war doppelt so groß. Der ganze Platz war voller Menschen. Viele saßen auf ihren kleinen Koffern und schauten auf den Boden, so als ob sie sich schämten, hier zu stehen. Es war erschreckend still, nur vereinzelt hörte ich jemand sprechen. Mir war ganz unheimlich zumute. Plötzlich fuhren Lastwagen auf den Platz. Männer der SS (Schutzstaffel) sprangen herunter und einer fing sofort an zu brüllen: „Das gesamte Gepäck und alle, die nicht laufen können, auf die Wagen. Die anderen immer zu fünft in einer Reihe aufstellen." Plötzlich kam Bewegung in die Menge. Jüdische Männer schafften das Gepäck zu den Wagen und halfen den alten Menschen. Einige waren so gebrechlich, dass sie ohne Hilfe nicht auf den Lastwagen steigen konnten. Wo werden diese alten, schwachen Leute nur hingebracht? Es war kalt und sie hatten nur ihre Mäntel an. Keine Decke, die sie vor der Kälte schützen könnte. Die vollen Lastwagen fuhren los. Ein SS-Mann brüllte schon wieder. „Ich habe doch deutlich gesagt, immer fünf in eine Reihe." Gehorsam stellten sich die Männer, Frauen und Kinder auf. Zwei Frauen trugen Babys im Arm, die laut weinten. Wieder schrie der SS-Mann: „Schneller, schneller, wir wollen ja heute noch fertig werden." Ich kämpfte mit den Tränen. Ich musste an Seppels Worte denken: „Wenn ihr wüsstet, was die mit den Juden machen." Dann gab der SS-Mann den Befehl: „Im Gleichschritt Marsch!" Schweigend setzte sich der Zug in Bewegung, immer fünf Personen nebeneinander. SS-Uniformierte bewachten sie auf beiden Seiten. Sie gingen um den alten jüdischen Friedhof in die Battonstraße und dann weiter Richtung Ostbahnhof. Mama hatte mir verboten, allein weiter als bis zum Allerheiligen Tor zu laufen. So blieb ich hier stehen. Noch lange schaute ich den traurigen Menschen nach. Warum werden sie weggebracht, wo kommen sie hin? Am Straßenrand standen viele Erwachsene und sahen stumm dieser Tragödie zu. Wissen sie, wohin diese Menschen gebracht werden? Viele liefen einfach weiter, als wäre es nichts Besonderes, wenn mehrere Hundert Juden durch die Straßen getrieben werden.

Abends habe ich es Mama erzählt, sie war sehr traurig und hat mich ganz fest in den Arm genommen und an sich gedrückt. „Du musst mir versprechen, nicht wieder hinter den Menschen herzulaufen. Das ist zu gefährlich."

Ein paar Wochen später standen wieder Juden an der gleichen Stelle. Ich war neugierig. Trotz meines Versprechens ging ich am Nachmittag wieder zum Börneplatz. Heute waren viele Familien mit Kindern hier. Einige Kinder spielten Fangen. Ein Mädchen in meinem Alter winkte mir. Ich sollte zu ihr kommen. Erst traute ich mich nicht und winkte einfach zurück. Aber sie winkte immer weiter, und dann liefen wir beide gleichzeitig los. In der Mitte trafen wir uns. Ich wollte mit ihr reden. Ich wollte vorbereitet sein, wenn Mama und Helmut vielleicht auch eines Tages hier sitzen würden. „Wo kommt ihr denn her?" „Eigentlich kommen wir aus Gelnhausen. Aber wir mussten dort wegziehen. Seit einem Jahr haben wir hier in Frankfurt gelebt." „Wohin fahrt ihr denn?" „Das weiß ich nicht. Meine Mutter hat gesagt, da wo wir hinkommen, sind wir dem Himmel ganz nahe." In dem Moment kam die Straßenbahn bimmelnd um die Ecke gefahren. Schnell rannte das Mädchen zu ihrer Mutter zurück und ich auf die andere Straßenseite. Ich blieb noch eine ganze Weile stehen und lief dann trotz Verbot wieder bis zum Allerheiligen Tor mit. Bald konnte ich das Mädchen nicht mehr sehen, aber ihre Worte „Wo wir hingehen, sind wir dem Himmel ganz nahe" gingen mir nicht mehr aus dem Kopf. Nach diesem Tag bin ich nie mehr zum Börneplatz gegangen, wenn sich die Juden dort zum Transport sammeln mussten.

Allein im Wollgraben

Seit einiger Zeit aß ich nicht mehr bei Neubauers zu Mittag. Jula meinte es zu gut mit mir. Immer gab sie mir eine extra große

Portion, und ich musste den Teller leer essen. Manchmal habe ich sogar geweint, aber das half nichts. Ich durfte erst aufstehen, wenn ich aufgegessen hatte. Endlich hatte Mama ein Einsehen. Ich durfte mir mein Mittagessen, das sie vorgekocht hatte, selbst aufwärmen. Frau Neubauer versprach mir: „Wenn du möchtest, kannst du jederzeit wieder bei uns mitessen." Ich war sehr stolz, dass ich jetzt allein zu Mittag essen konnte. Nach den Hausaufgaben bin ich oft zu Frau Fischer oder zu Oma Ofenloch gegangen. Erst kurz bevor Mama nach Hause kam, bin ich zurückgekommen.

Sonntags fehlte mir Helmut ganz besonders. Marion unternahm immer etwas mit ihrer Oma. Wenn sie mir montags von ihren Radtouren vorschwärmte, war ich schon ein bisschen neidisch. Gerne wäre ich mitgefahren, aber ich besaß kein Fahrrad. So etwas Teures konnten sich meine Eltern nicht leisten.

Manchmal spielte ich mit den anderen Kindern auf der Straße. Aber meistens saß ich mit meinen Eltern in der Küche. Mama bügelte, Papa las seine Zeitung, und ich beschäftigte mich mit den Handarbeiten für die Schule. Wenn wir wenigstens noch unser Radio hätten. Aber das war schon lange abgeholt worden. Oft dachte ich an die Zeit vor dem Krieg. Damals war der Sonntag mein Lieblingstag. Was haben wir alles unternommen. Im Sommer sind wir manchmal mit unseren Eltern auf den Sachsenhäuser Berg zum Goetheturm gelaufen. Vom Turm aus konnten wir auf Frankfurt hinunter schauen. Ab und zu gingen wir in die Schirn. Im Gasthaus „Zur alten Eule" trank Papa dann ein Glas Bier, und wir bekamen jeder eine Limonade. Am aufregendsten war der „Puppenautomat." In einer Glaskiste standen drei Puppenpärchen. Wenn man einen Groschen hineinwarf, ertönte Musik und die Puppen tanzten.

Meistens streiften Helmut und ich aber ganz allein durch die Stadt. Wir haben das sehr genossen. Die Altstadt war unsere eigene kleine Abenteuerwelt. Mama gab uns ein paar Groschen mit. Im Winter gingen wir für einen Groschen ins Historische Museum im Dominikaner-Kloster. Ich kann mich noch gut an einen Einbaum und einen Mumienkasten erinnern. Der nette alte Herr, der die Ausstellung bewachte, erzählte uns Geschichten aus der fernen Welt. Wir lauschten gespannt seinen Schilderungen von den einfachen Booten, mit denen die Indianer auf riesigen Flüssen durch die Urwälder fuhren oder mit Speeren wilde Tiere jagten. Ich war ganz fasziniert, stundenlang hätte ich ihm zuhören können. Eines Tages fragte er uns: „Habt ihr euch schon einmal die Bilder der Deutschen Kaiser im Römer angesehen?“ Als wir mit den Köpfen schüttelten, meinte er: „Dann wird es aber höchste Zeit. Ihr wart nun schon so oft hier im Museum. Geht einmal in den Kaisersaal, da werdet ihr Augen machen.“

Am nächsten Sonntag sind wir dann in den Kaisersaal gegangen. Der Eintritt hat zwei Groschen gekostet, aber dafür war es hier noch viel schöner als im Museum. Zuerst mussten wir in große, graue Filzpantoffeln schlüpfen. Dann gingen wir in den großen Saal. Was für eine Pracht! Der Holzfußboden glänzte, dass man sich darin spiegeln konnte. Der große Leuchter an der Decke ließ den Saal in goldenem Licht erstrahlen. Auf den riesengroßen Bildern an den Wänden waren die deutschen Kaiser zu sehen. Ehrfurchtsvoll gingen wir an den Bildern entlang. Der ältere Mann, der die Aufsicht hatte, kam zu uns. Er deutete auf eines der Bilder. „Das ist Karl der Große, er war ein sehr wichtiger Kaiser.“ Helmut streckte den Finger hoch, als würde er sich in der Schule melden. „Den kenne ich, auf der alten Brücke steht eine Figur von ihm. In der einen Hand hat er ein großes Schwert.“ „Du bist ein ganz Schlauer. Wisst ihr denn auch, wann der Karl zum ersten Mal in Frankfurt war?“ Diese Frage konnten wir nicht beantworten und schüttelten beide mit dem Kopf. „Na, dann will ich es euch verraten. Das war im Jahr 794. Damit ihr euch das Datum gut merken könnt, verrate ich euch eine Eselsbrücke. 7-9-4 Kaiser Karl war hier." Das hat uns natürlich gut gefallen. Auf dem Nachhauseweg haben wir den Satz immer wiederholt. Wir sind danach noch oft in den Kaisersaal gegangen. Nicht nur wegen der Kaiser. Wir fanden es herrlich, mit den Filzpantoffeln durch den ganzen Raum zu schlittern. Der Aufseher wusste das. Ich glaube, er verließ dann absichtlich den Raum, damit wir unbeobachtet rutschen konnten.

„Liselotte, wovon träumst du? Die ganze Zeit hast du deine Stricknadeln in der Hand, aber noch nicht eine Masche gestrickt." „Ich musste an Helmut denken. Gerne würde ich mit ihm durch die Altstadt gehen. Durch die engen, dunklen Gassen zum Fünffingerplätzchen laufen oder auf den Domturm steigen. Wie oft haben wir zusammen den alten Türmer besucht. Immer hat er uns jedes Haus erklärt, er kannte sie alle mit Namen. Am liebsten hat er uns Geschichten vom „Belvederchen", dem kleinen Dachgarten auf dem Haus „Zur Goldenen Waage", erzählt. Mama, Helmut ist bestimmt noch viel trauriger als ich. Warum muss er so ganz allein bei den fremden Kindern im Heim bleiben?" „Irgendwann kommt er wieder nach Hause und dann machen wir alle zusammen einen schönen Ausflug. Glaube mir, es wird wieder besser werden." Wirklich getröstet haben mich die Worte meiner Mutter nicht.

Hermesweg
November 1941 – Juli 1942

Seit einigen Wochen arbeitete Mama nicht mehr in der Großwäscherei in Niederrad. Sie war in den Hermesweg 5 - 7, in die „Bezirksstelle der Reichsvereinigung der Juden in Deutschland", als Küchenhilfe beordert worden. Für Mama war das viel besser, denn der Hermesweg lag nur zehn Minuten von unserer Wohnung entfernt. Nachdem sie einige Zeit dort in der Küche gearbeitet hatte, besuchte ich sie jeden Tag. Nach der Schule machte ich schnell meine Hausaufgaben und lief dann in den Hermesweg. Ich blieb den restlichen Tag dort und ging erst mit Mama wieder nach Hause. Jeden Nachmittag gab es für alle Beschäftigten eine Scheibe Brot mit Marmelade, natürlich ohne Butter. Butter gehörte zu den Lebensmitteln, die Juden schon seit 1939 nicht mehr zustanden. Wir hatten zu dieser Zeit zwar immer noch etwas Butter oder Margarine von Papas und meiner Zuteilung, aber keine Marmelade. Dieses Marmeladenbrot ist mir noch als Köstlichkeit in Erinnerung. Ich habe mich in dieser Küche sehr geborgen gefühlt. Mama war bei mir und auch die anderen Frauen kümmerten sich liebevoll um mich. Bis eines Tages ... Der Gestapo-Mann Ernst Holland hatte sein Büro direkt neben der Küche und manchmal stand die Tür offen. Ich hatte schon ab und zu erlebt, wie Juden weinend aus dem Zimmer kamen, aber an diesem Tag war es besonders schlimm. „Was denkst du dir denn, du Scheißjude, mach dein Maul auf, was glaubst du denn wer du bist? Euch bringen wir alle weg, ihr seid Deutschlands Untergang. Abführen, ab mit ihm in den Keller in die Lindenstraße. Der geht mit dem nächsten Transport sofort in den Ofen." Alle in der Küche standen stumm da, niemand rührte sich. Ich sah zwei Uniformierte aus dem Büro kommen, einen Mann zwischen sich Richtung Haustür gehen. Dann flog die Bürotür mit lautem Knall zu.

Seit diesem Tag hatte ich wahnsinnige Angst, Holland könnte mich erwischen, denn eigentlich hatte ich in der Küche nichts zu suchen. Aber ich wollte unbedingt in Mamas Nähe sein und nicht alleine zu Hause bleiben. So bin ich auch weiterhin in den Hermesweg gegangen, aber immer ganz schnell an Hollands Büro vorbei in die Küche. Hier wurde über Folter gesprochen. Hier schnappte ich auf, dass sich die Juden am Börneplatz sammeln mussten, um auf „Transport" zu gehen. Hier hörte ich das erste Mal das Wort Konzentrationslager, den Begriff KZ. Hier sprachen die Frauen davon, dass noch nie jemand, der auf Transport geschickt wurde, geschrieben hatte. Hier zitterten alle davor, selbst auf Transport zu müssen.

Ernst Holland

Kurze Zeit später bekam eine Arbeitskollegin von Mama ihr Schreiben. Sie musste sich zum Abtransport in ein Arbeitslager am nächsten Tag in der Großmarkthalle einfinden. Sie musste sofort nach Hause gehen, um „Arbeitskleidung" einzupacken. „Komm bitte noch einmal mit der Kleinen zu mir nach Hause, ich möchte euch noch etwas geben", sagte sie zu Mama. Nach der Arbeit ist Mama mit mir zu ihr nach Hause gegangen. „Du darfst dir etwas als Andenken an mich aussuchen. Du kannst dir nehmen was du möchtest, nur tragen musst du es können." Sie sah mich traurig an und deutete auf ein geblümtes Nähkästchen, das man auseinander ziehen konnte. "Würde dir das gefallen?" „Ja, aber vielleicht wollen Sie es lieber mitnehmen?" „Nein, ich freue mich, wenn du es nimmst, dort wo ich hinkomme, braucht man so etwas nicht mehr." Ich dachte mir, ein Nähkästchen braucht man doch immer, einen Knopf muss man doch überall annähen können. Sie ging noch mit uns bis zur Haustür und schaute zuerst, ob jemand das Haus beobachtete. Es war Juden, die auf Transport gingen, streng verboten, etwas von ihren persönlichen Sachen zu verschenken. Mit der Zustellung des Schreibens war ihr Besitz an den Staat verfallen. Ich habe die Frau nie mehr wieder gesehen. Nach diesem Tag bin ich nur noch in den Hermesweg gegangen, um Mama abzuholen.

Neben der Verwaltung waren im Hermesweg auch Gemeinschaftsunterkünfte für Juden, eine Krankenstation und Behandlungszimmer für „Krankenbehandler“ und „Zahnbehandler.“ Jüdische Ärzte durften sich nur noch „Behandler“ nennen, nicht mehr Arzt. Mama musste neben ihrer Küchenarbeit auch das Essen auf die Krankenzimmer bringen, dort putzen und Betten machen. Hier lernte sie eine sehr vornehme, reiche Dame kennen. Sie war meiner Mutter für ihre Fürsorge so dankbar, dass sie Mama und mich zu sich nach Haus einlud. An einem Sonntag sind wir dann mit der Straßenbahn nach Niederrad gefahren. In meinem ganzen Leben hatte ich so ein prachtvolles Haus noch nicht gesehen. Die Hausherrin lag in einem riesengroßen Schlafzimmer in einem Bett mit spitzenbesetzten Kopfkissen und einer seidenen Decke. An den Fenstern, durch die man in einen parkähnlichen Garten schauen konnte, hingen lange gestickte Vorhänge. Sie selbst trug ein wunderschönes, glänzendes Nachthemd, das bei jeder Bewegung leise raschelte. Ich konnte mich gar nicht satt sehen, so viel Pracht hatte ich mir nicht einmal vorstellen können. Am allerbesten hat mir aber der kleine Hund, ein Pekinese, gefallen. Er lag am Fußende des Bettes und ließ sich sogar von mir streicheln. Zum Abschied bekamen wir von der Köchin des Hauses einen Kuchen geschenkt, den diese extra für uns gebacken hatte. Ihr Mann überreichte Mama einen herrlich duftenden, riesengroßen Fliederstrauß. Als wir wieder in der Straßenbahn saßen schaute Mama mich an. „Ich glaube, in diesem Haus weiß niemand, was Hunger und Not bedeuten.“

Weißer Sonntag 1942

Schon zwei Wochen vorher waren wir Kinder sehr aufgeregt, unsere erste Beichte sollte die Kommunionvorbereitungen beenden. Wir hatten die zehn Gebote gelernt und der Herr Kaplan hatte uns ermahnt, alle Sünden aufrichtig zu beichten. Auch kleine Verfehlungen wie Naschen, in der Kirche schwätzen oder nicht auf die Eltern hören galt schon als Sünde. Damit wir vor lauter Aufregung nichts vergaßen, schrieben wir Kinder unsere Sünden auf einen Zettel. Dann gingen wir gemeinsam in den Dom. Jedes Kind musste dann allein in den finsteren Beichtstuhl und seine Sünden dem Herrn Pfarrer beichten. Das war einfacher als wir dachten. Jedes Kind sprach noch ein Bußgebet, und dann war auch diese letzte Hürde genommen.

Einige Tage vor meiner Feier wurde ich in Neubauers Küche schon einmal zur Probe eingekleidet. Frau Neubauer hatte alles besorgt, was ich für diesen großen Tag brauchte. Ein sehr schönes weißes Kleid mit passendem Mantel und einem kleinen Stoffbeutelchen. Dazu weiße Strümpfe, weiße Handschuhe und neue schwarze Lackschuhe. Die Schuhe kaufte Frau Neubauer mir beim Schuhhaus Koch in der Fahrgasse. Das Kommunionkränzchen und die Kerze waren mit weißen Stoffblumen und grünen Ranken geschmückt. Ich stand in der Küche und war sehr glücklich.

Da auch Kurt am gleichen Tag zur Erstkommunion ging, sind wir, Mama, Papa und ich, gemeinsam mit der ganzen Familie Neubauer zum Dom gelaufen. Wie schön wäre es gewesen, wenn Helmut auch hätte mitkommen können. Aber er durfte aus dem Heim im Röderbergweg nicht heraus. Sicher wäre es für ihn auch zu gefährlich gewesen, mit einem Judenstern durch die Stadt zu laufen. In den Dom hätte er auf keinen Fall damit gehen können. Ich war sehr stolz, dass meine Eltern bei meiner Kommunionfeier dabei waren. Es war das erste und einzige Mal, dass sie mit mir in den Gottesdienst gingen. Sonst bin ich sonntags immer allein in den Dom gegangen. Manchmal nahm mich Frau Neubauer mit, die jeden Sonntag mit der ganzen Familie zur Messe ging.

Frau Neubauer mit ihren Söhnen Rudi und Kurt, 1942

Es war ein schöner, feierlicher Gottesdienst. Die Orgel spielte, alle Kerzen am großen Altar brannten und die ganze Kirche war vom vielen Weihrauch eingehüllt. Alle Leute erhoben sich von den Bänken, als wir Kommunionkinder in den Dom einzogen. Da ich eine der Kleinsten war, durfte ich in der ersten Reihe gehen. Alle Menschen hatten ein Lächeln im Gesicht. Seit langer Zeit hatte ich mich nicht mehr so glücklich gefühlt.

Zu Hause haben wir mit Familie Weber, bei denen Papa früher gewohnt hatte, mit dem Ehepaar Rentschler, die mit ihren Töchtern Hannelore und Ursula ein Stockwerk unter uns wohnten, und mit Frau Fischer und ihrer Tochter Hildegard gefeiert. Ich hatte auch Marion und Elfriede aus der Schule eingeladen. Papa hatte im Schlafzimmer die Betten abgeschlagen und den großen Tisch aus der Stube hineingestellt. Mama hat den Tisch festlich gedeckt.

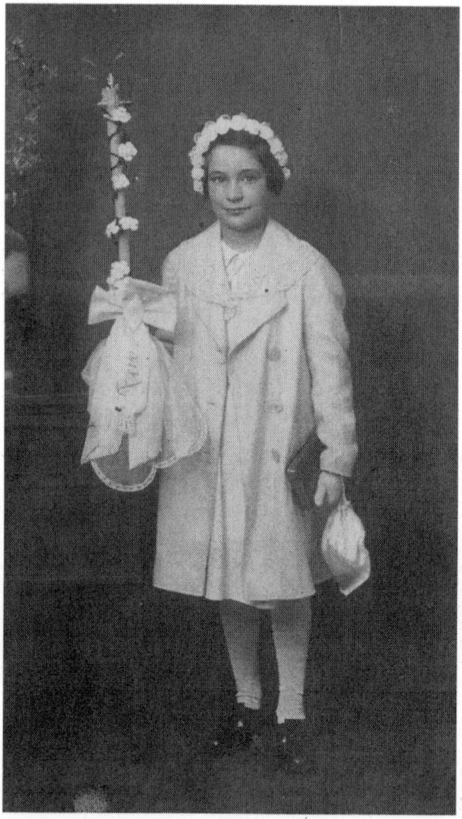
Liselotte als Kommunionkind, 1942

Auf der frisch gestärkten, weißen Tischdecke stand ihr gutes Geschirr, das sonst nur zu Weihnachten benutzt wurde. Frau Neubauer ließ es sich nicht nehmen, den Kuchen für die Feier zu stiften und schenkte mir zu meiner Erstkommunion ein Gesangbuch mit Goldschnitt und einer persönlichen Widmung.

Am aufregendsten fand ich das Geschenk von Familie Weber, eine Hortensie. Das war auf den ersten Blick nichts Außergewöhnliches, aber im Topf steckte ein Fünfmarkstück. Herr Weber erklärte mir mit ernster Miene: „Das ist ein Geldbaum, du musst ihn gut pflegen und immer ordentlich gießen, dann bringt er noch mehr Geldstücke hervor." In meiner Naivität habe ich ihm geglaubt.

Nach dem Kaffee lief ich mit einem Teller voller Kuchen nach Sachsenhausen ins Schifferkrankenhaus. Papa hatte ein Jahr zuvor nach einem Arbeitsunfall in diesem Krankenhaus gelegen, und ich hatte ihn täglich besucht. Die Kranken wurden dort von Diakonissen gepflegt. Schwester Martha war eine von ihnen und immer sehr nett zu mir gewesen. Ich hatte ihr damals versprochen, dass ich sie auf jeden Fall in meinem Kommunionkleid besuchen würde. Dieses Versprechen wollte ich einlösen. Sie freute sich sehr, als sie mich sah. Voller Stolz führte sie mich durchs Krankenhaus und alle anderen Schwestern bewunderten mich in meinem schönen Kleid.

Liselotte und Helmut im Ostpark, 1942

Nachdem alle Gäste gegangen waren, hängte ich mein schönes Kleid ordentlich auf und zog mein Nachthemd an. Mama nahm mich auf den Arm und trug mich in mein Bett. „Schlaf gut, mein kleines Kommunionkind, und träume etwas Schönes." Ich sah ihr ins Gesicht. Wir beide kannten unsern schönsten Traum. Helmut würde wieder nach Hause kommen. Zwei Tage später ging ich mit Herrn Rentschler zum Kinderheim. Er wollte ein Foto von mir und Helmut machen. Ausnahmsweise durfte Helmut das Heim verlassen und so gingen wir gemeinsam in den nahen Ostpark. Während Herr Rentschler den Fotoapparat einstellte, entfernte Helmut den gelben Stern von seiner Jacke und ließ ihn in der Hosentasche verschwinden. Er hatte ihn nur mit Sicherheitsnadeln befestigt und wollte unter keinen Umständen mit diesem Stern auf das Bild.

Das Kinderheim wird geräumt
Juni 1942

Als wir an einem sonnigen Samstag in den Röderbergweg einbogen, kamen uns schon einige Kinder aus dem Heim entgegen. Alle hatten einen kleinen Koffer dabei. Mama rief einem Mädchen zu: „Wo wollt ihr denn hin, dürft ihr denn das Haus verlassen?" „Die Schule wird geschlossen. Wir gehen an den Ostbahnhof." Das Mädchen winkte uns und lief schnell hinter den anderen her. Mama nahm mich an der Hand und zog mich hinter sich her. Warum hat sie es denn plötzlich so eilig? Ich kam fast nicht mit. Wir liefen in den Garten, was eigentlich verboten war. Helmut kam uns verweint entgegen. „Alle gehen fort. Auch die meisten Lehrer sind schon weg. Nur ich muss hier im Heim bleiben." Mama machte ihm Mut. „Wenn schon einige Kinder weggefahren sind, darfst du vielleicht auch bald gehen." Ihre Stimme klang nervös.

Am nächsten Samstag wiederholte sich das Bild, wieder kamen uns Kinder entgegen. Mama wurde immer nervöser. Sie hatte im Hermesweg gehört, dass das Heim geschlossen werden sollte. Nun hatte sie wahnsinnige Angst, Helmut könnte auf Transport geschickt werden. Zwei Wochen später kam uns eine große Gruppe entgegen. Ein Kind rief schon von weitem: „Frau Sonneberg, heute ist der Helmut auch dabei." Noch nie hatte ich meine Mutter so rennen gesehen. Weinend rannte ich hinter ihr her. Als ich endlich am großen Tor war, kam Mama schon mit Helmut an der Hand heraus. Beide weinten. Mama nahm mich in den Arm und gemeinsam setzten wir uns in den Garten und weinten. Teils vor Aufregung, aber hauptsächlich vor Freude. Helmut war noch da. Am 30. Juni 1942 wurden das Haus im Röderbergweg und das Philanthropin geschlossen. Schulbildung war für Juden verboten worden. Die letzten ca. 20 Kinder, unter ihnen auch Helmut, konnten in Frankfurt bleiben. Sie kamen ins jüdische Kinderheim nach Sachsenhausen in die Hans-Thoma-Straße 24.

Mama bewarb sich sofort dort als Haushaltshilfe und Köchin. Wenige Tage später konnte sie die Stelle antreten. In der schönen kleinen Villa in Sachsenhausen kümmerte sich ein jüdischer Betreuer um die Kinder. In dem geräumigen Haus und im Garten konnten sie sich frei bewegen. Nur verlassen durften sie das Grundstück nicht. Mama versorgte die Kinder liebevoll und tröstete, wo sie konnte. Ein kleiner Junge, der immer sehr traurig war, wich ihr den ganzen Tag nicht von der Seite. Ich lief jeden Tag nach der Schule in die Hans-Thoma-Straße. Der Weg war nicht weit über den Eisernen Steg. Endlich konnte ich wieder mit Helmut zusammen sein. Hier habe ich meine erste richtige Freundin gefunden, Inge Herz aus Berlin. Sie war genauso alt wie ich und wenn wir im Garten zusammen schaukelten, erzählte sie mir oft von ihren Eltern. Sie kam aus einer streng religiösen, jüdischen Familie. In ihrem schönen Haus in Berlin hatte ihr Vater seine Arztpraxis. Als die Familie auf Transport gehen sollte, haben ihre Eltern sie bei Freunden versteckt. Nach einigen Monaten wurde ihr Versteck verraten. Sie wurde von SS-Männern abgeführt und nach Frankfurt ins Kinderheim am Röderbergweg gebracht. Wo ihre Eltern waren, wusste sie nicht. Inge war aber fest davon überzeugt, sie nach dem Krieg wieder zu treffen.

Mama versuchte, aus dem, was sie für die Kinder an Lebensmitteln zur Verfügung gestellt bekam, jeden Tag ein schmackhaftes Essen zu zaubern. Manchmal kaufte ich in einer Drogerie an der Schweizer Straße ein Döschen Wippert Halstabletten. Die gab es ohne Zuteilungskarten und die rautenförmigen Tabletten schmeckten ein bisschen wie Pfefferminzbonbons. Die Kinder genossen sie, denn richtige Bonbons gab es schon lange nicht mehr. Inge und ich unterhielten uns gerne darüber, was wir nach dem

Krieg machen wollten. „Als allererstes esse ich eine große Scheibe Brot, dick mit Butter bestrichen.“ Schon bei dem Gedanken lief mir das Wasser im Mund zusammen. „Und ich mache mir noch Honig darauf. Dann laufe ich durchs ganze Land und suche meine Eltern. Wenn ich wieder mit ihnen in Berlin wohne, musst du mich besuchen.“ „Nein, ich komme mit und wir suchen sie gemeinsam. Glaub mir, wir finden sie.“

18. Februar 1943	*Im Berliner Sportpalast verkündet Propagandaminister Joseph Goebbels den „Totalen Krieg"*
16. Mai 1943	*Mit der Sprengung der großen Synagoge wird der Aufstand im Warschauer Ghetto beendet*

Die Bedrohung wächst

Auszug aus dem Wollgraben
März 1943

Mama und ich kamen vom Kinderheim in der Hans-Thoma-Straße nach Hause. Wir hatten gerade unsere Schuhe ausgezogen, da klingelte es an unserer Wohnungstür. Mama öffnete, Frau Neubauer stand davor. Sie hatte noch nie bei uns geklingelt. Normalerweise rief sie durchs ganze Haus: „Wessingern, komm mal runter!" wenn sie Mama sprechen wollte. Wortlos ging sie in die Küche und legte einen geöffneten Briefumschlag auf den Tisch. „Das ist heute mit der Post gekommen, ich kann nichts daran ändern, ihr müsst ausziehen." Noch während sie sprach, fing sie an zu weinen. Noch nie hatte ich Frau Neubauer weinen sehen. „Ihr dürft nicht mehr mit arischen Menschen unter einem Dach leben", stammelte sie mit tränenerstickter Stimme. Die sonst so robuste, strenge Frau stand da und die Tränen liefen ihr über das Gesicht. Mama starrte sie fassungslos an. „Das kann doch nicht wahr sein, erst nehmen die uns den Helmut weg, und nun müssen wir hier ausziehen." Sie nahm den Brief aus dem Umschlag. Ich merkte, wie in ihr der Zorn aufstieg. „Zehn Jahre wohnen wir nun hier und haben uns nie etwas zuschulden kommen lassen, und jetzt müssen wir in ein Judenhaus ziehen." In ein Judenhaus? Was um alles in der Welt ist ein Judenhaus? Schon der Name machte mir Angst. „Diese Scheiß-Nazis, haben die uns denn nicht schon genug gestraft? Wir haben keinem etwas getan und immer hauen die noch mehr auf uns

Gestapo-Zentrale, Lindenstraße 27

drauf. Nimmt das denn gar kein Ende, müssen erst alle Juden auf Transport gehen, damit die zufrieden sind?“ Frau Neubauer nahm Mama in den Arm und nun weinten beide. „Beruhige dich, es hilft alles nichts. Wir kommen gegen diese Fanatiker nicht an. Melde dich in den nächsten Tagen bei der Jüdischen Gemeinde. Versuche, eine Wohnung in unserer Nähe zu bekommen, dann kann die Kleine nach der Schule zu mir kommen. Ich schaue später noch einmal rein, wenn der Fritz da ist.“ Mama nahm mich in den Arm und wir weinten beide fürchterlich.

Papa hörte nur schweigend zu, als Mama ihm alles erzählte. „Was können wir tun, die sitzen am längeren Hebel. Sei froh, dass wir zusammen bleiben dürfen. Es hätte noch schlimmer kommen können.“ Er sah unendlich traurig aus, als er das sagte. Die Gestapo hatte ihn schon viele Male in ihr Hauptquartier in die Lindenstraße 27 bestellt und ihn aufgefordert, sich von „der Jüdin“ scheiden zu lassen. In seiner stillen, ruhigen Art hat er sich stets geweigert. Der Umzug in ein Judenhaus erschien ihm offensichtlich nicht so tragisch. „Vielleicht ist der ganze Schlamassel bald zu Ende. Ich verspreche dir, wir stehen das gemeinsam durch.“ Papas

Worte klangen so beruhigend. Er wird uns beschützen, wenn es noch schlimmer werden sollte.

Ein paar Tage später kam Mama von der Jüdischen Gemeinde. „In zwei Wochen müssen wir ausziehen. Wir bekommen eine Wohnung im Rothschildhaus. Liselotte, du kommst auf deinem Schulweg jeden Tag an dem Haus vorbei. Schau es dir morgen einmal an. Es steht im Großen Wollgraben Nr. 26." „So bald schon, wie bringen wir denn unsere ganzen Möbel und alles andere dort hin?" „Mach dir keine Gedanken, dafür hat der Papa schon gesorgt." Am nächsten Morgen ging ich etwas früher aus dem Haus, um mir das Haus anzusehen. Es sah ganz großartig aus. Über den vier Eingangstüren waren drei Reihen Fenster und noch zwei im hohen Giebel. Es war das außergewöhnlichste Haus in der Straße. Rechts und links davon standen ähnliche Häuser wie in unserer Straße. Es gefiel mir, vielleicht würden wir uns in diesem schönen Haus doch wohl fühlen.

Klassenfoto, etwa 1942
Liselotte 1. Reihe, 5. von links

Vier Jahre lang war ich jeden Tag mit Marion an dem Haus vorbei zur Schule gegangen. Nie war es mir aufgefallen. Insgeheim war ich froh, dass Marion jetzt in der Realschule war. Seit dieser Zeit ging ich jeden Tag allein zur Schule. Keinem Mädchen aus meiner Klasse würde ich erzählen, dass ich in ein Judenhaus ziehen musste.

Am Abend vor dem Umzug kam Frau Neubauer noch einmal zu uns. Sie hatte ein kleines Kästchen in der Hand. „Liebe Ria, diese Armbanduhr ist für dich. Für zehn Jahre treue Dienste." Die beiden Frauen drückten sich fest und fingen wieder an zu weinen. „Ich danke dir für deine gute Arbeit. Du warst immer für uns da. Lass dich nicht unterkriegen. Und vergiss nicht, für euch habe ich immer Brot, egal was kommt." Beim Hinausgehen strich sie mir über den Kopf. „Du kannst jederzeit zu uns kommen, daran wird sich nichts ändern!" Auch Frau Fischer und die kleine Hildegard kamen zum Abschied. „Liselotte, so oft du willst, kannst du uns besuchen." Ich freute mich sehr darüber, denn ich war gerne bei Frau Fischer. Immer hatte sie Zeit und ein gutes Wort für mich.

Leben im Rothschildhaus

Am nächsten Morgen kam der Möbelwagen der Firma Betz. Papa hatte dort vor seiner Anstellung bei der Firma Nagel jahrelang als Aushilfe gearbeitet. Den Puppenwagen mit meiner Heidi und den wenigen Spielsachen hatte ich schon an die Haustür gestellt. Ich wollte ihn zum Rothschildhaus schieben. Aber dann durfte ich im Möbelwagen mitfahren. Stolz saß ich neben dem Fahrer. Einerseits war ich sehr traurig, hier aus meiner gewohnten Umgebung ausziehen zu müssen. Aber ich war auch neugierig, wie es im Rothschildhaus aussehen würde.

Wir hatten die Wohnung im dritten Stock zugeteilt bekommen. Als ich mit dem Möbelwagen ankam, standen Papa und Mama schon vor dem Haus. Gemeinsam gingen wir durch die große Eingangstür. Etwas verwundert standen wir im dunklen, kühlen Eingangsbereich. Eine Steintreppe mit wunderschönem Treppengeländer führte zum ersten Stock. Hier war rechts und links jeweils eine große Tür. Eine einfache Holztreppe führte geradeaus weiter zu einer weiteren Tür. Erst dahinter lag das Treppenhaus zu den übrigen Stockwerken.

Rothschildhaus vor der Zerstörung 1944

Ab hier gab es keine abgeschlossenen Wohnungen mehr. Vom großen Flur ging man direkt in die einzelnen Zimmer. Voller Erwartung stiegen Mama und ich in den dritten Stock. „Liselotte, der Flur ist aber ziemlich düster, lass uns mal in die Zimmer sehen." Auf beiden Seiten waren jeweils zwei Türen. Mama öffnete eine Zimmertür, und sofort wurde es hell im Flur. Die zwei Räume zur Straßenseite waren etwas kleiner als die zum Hinterhof. „Schau dir mal die Küche an." Mama lachte, während sie nach mir rief. „So etwas hast du noch nicht gesehen, hier ist Küche, Bad und Waschküche in einem Raum." Ich rannte schnell zu ihr. Die Küche war doppelt so groß wie bei Neubauers. Dafür standen hier aber an der linken Wand ein großer gemauerter Waschkessel, ein Spülstein aus rotem Sandstein, ein großer kupferner Badekessel und eine Badewanne. Auf der gegenüberliegenden Seite war der Gasherd zum Kochen. Einen Kohleofen gab es nicht. „Wo ist denn die Toilette?" Mama lachte. „Hier zum Glück nicht." Ich lief in den Flur und begann zu suchen. Zwischen den Zimmertüren waren raumhoch halbrunde Schränke eingebaut. Hinter der ersten Tür kam eine Kleiderstange und hinter der nächsten Regalbretter zum Vorschein. Aber keine Toilette. „Liselotte, hier ist noch eine Tür." Mama hatte eine weitere Holzverkleidung entdeckt, die den Flur ein Stück abteilte. Als wir die kleine Tür an der Seite öffneten, hatten wir die Toilette gefunden. Obwohl dieser Raum in der dunkelsten Ecke des Flurs lag, war es hier hell. Ein kleines Fenster öffnete sich zu einem Lichtschacht, der zu einem Dachfenster führte. So etwas hatte ich noch nie gesehen.

In der Zwischenzeit hatten die Männer unsere Möbel schon hinaufgetragen. „Das Schlafzimmer kommt zur Hofseite, neben die Küche. Zur Straßenseite legen wir das Kinderzimmer und die gute Stube." Während die Möbel aufgebaut wurden, gingen Mama und ich durchs Haus und stellten uns vor. Im Haus wohnten bereits fünf Ehepaare, die wie meine Eltern in so genannten „Mischehen" lebten. Der ältere Herr im ersten Stock erklärte uns gleich, dass die Haustür auch tagsüber abgeschlossen würde. Das kannte ich überhaupt nicht, bei Neubauers wurde die Haustür nie zugeschlossen.

In der ersten Nacht wachte ich immer wieder auf, es war alles so anders und so fremd hier. Warum durften wir nicht bei Neubauers wohnen bleiben? Als Mama mich am nächsten Morgen fragte, ob ich etwas Schönes geträumt hätte, schüttelte ich nur mit dem Kopf. „Sei nicht traurig, du gewöhnst dich hier ganz schnell ein. Wenn du deine Schulaufgaben gemacht hast, kommst du zu uns in die

Hans-Thoma-Straße. Dann kannst du Helmut von unserer neuen Wohnung erzählen. Ich muss mich eilen, die Kinder warten schon. Vergiss nicht die Haustüre abzuschließen, sonst bekommen wir gleich Ärger."

In der Schule hatten wir jetzt oft Luftschutzübungen. Sobald die Sirenen heulten, ließen wir alles auf unseren Tischen liegen und zogen unsere Jacken oder Mäntel an. Dann gingen wir ganz ruhig, in Zweierreihen, in den Luftschutzkeller. Die Zeit wurde gestoppt. Jede Klasse war bemüht die schnellste zu sein, denn dann gab es ein Lob von Direktor Luh. Nach der Entwarnung liefen wir zurück in die Klassenräume und der Unterricht wurde fortgesetzt. Oft erzählte uns Fräulein Müller danach von der Armee, die für das Deutsche Volk kämpfte. Sie war nun unsere Klassenlehrerin, nachdem Fräulein Färber im März 1943 plötzlich gestorben war. Sie erinnerte uns daran, dass auch wir unseren Anteil zum Sieg leisten könnten. „Denkt immer daran, Wertstoffe zu sammeln und mit zur Schule zu bringen." Die meisten Kinder sammelten Altpapier, Lumpen oder Knochen. Zu mehreren zogen sie durch die Straßen und riefen: *„Wir sammeln Lumpen, Eisen, Papier und Knochen."* Viele Leute warfen den Kindern ihre ausgekochten Suppenknochen auf die Straße. Ich ekelte mich davor, die Knochen von der Straße aufzuheben. Papa verstand mich gut und brachte mir einmal im Monat ein kleines Stück Altmetall mit. Papier konnte ich nicht abliefern, denn eine Zeitung hatten wir schon lange nicht mehr. Im Klassenbuch wurde genau vermerkt, wer wann etwas mitgebracht hatte. Wenn unsere Lehrerin mich lobte, hatte ich oft ein schlechtes Gewissen.

Nach der Schule lief ich schnell vom Schulhof. Ich wollte auf gar keinen Fall, dass eine meiner Mitschülerinnen mich sah, wenn ich in ein Judenhaus ging. Als ich durch die Tür trat, war mir ganz unheimlich zumute. Im Haus war es absolut still. Kein Geräusch war zu hören. Schnell lief ich in unsere Etage. Ich kam mir so verloren vor. Ich vermisste unsere alte Wohnung. Mir fehlte der vertraute Geruch nach frisch gebackenem Brot, der mir sonst jeden Tag schon im Treppenhaus entgegenströmte. Am schlimmsten aber war, dass ich hier mit niemandem sprechen konnte. Keine

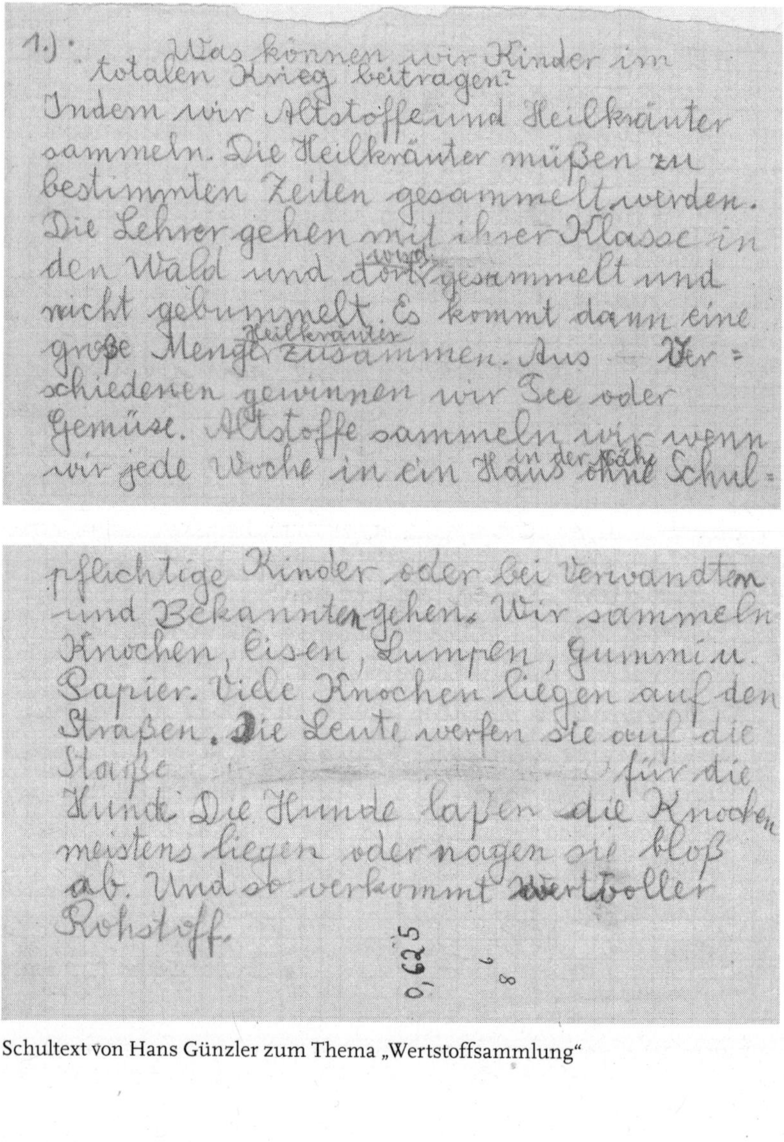
1.) Was können wir Kinder im totalen Krieg beitragen?
Indem wir Altstoffe und Heilkräuter sammeln. Die Heilkräuter müßen zu bestimmten Zeiten gesammelt werden. Die Lehrer gehen mit ihrer Klasse in den Wald und ~~dort~~ wird gesammelt und nicht gebummelt. Es kommt dann eine große Menge Heilkräuter zusammen. Aus Ver=schiedenen gewinnen wir Tee oder Gemüse. Altstoffe sammeln wir wenn wir jede Woche in ein Haus in der Nähe ~~ohne~~ Schul=pflichtige Kinder, oder bei Verwandten und Bekannten gehen. Wir sammeln Knochen, Eisen, Lumpen, Gummi u. Papier. Viele Knochen liegen auf den Straßen. Die Leute werfen sie auf die Straße für die Hunde. Die Hunde laßen die Knochen meistens liegen oder nagen sie bloß ab. Und so verkommt wertvoller Rohstoff.
0,625 8

Schultext von Hans Günzler zum Thema „Wertstoffsammlung“

Frau Neubauer, die manchmal schon an der Ladentür stand und mir zuwinkte. Keine Kinder, die vor dem Haus spielten. Ich machte mir das wenige Essen, das Mama mir hingestellt hatte, warm. Ich fühlte mich entsetzlich einsam. Wenn doch Helmut endlich wieder nach Hause kommen könnte. Manchmal glaubte ich schon fast nicht mehr daran. Ich schob diesen Gedanken sofort wieder weg und trocknete meine Tränen ab. Schnell machte ich meine Hausaufgaben und lief dann zu Mama und Helmut ins Kinderheim. Gleich werde ich ihm vom Rothschildhaus erzählen, und irgendwann wird der liebe Gott uns Helmut wieder nach Hause schicken.

Trotz meiner Sehnsucht nach unserer alten Umgebung ging ich nur noch zum Einkaufen zu Frau Neubauer. Die frühere Nähe und Vertrautheit war nicht mehr da. Oft steckte sie mir ein süßes Hörnchen oder ein Brötchen extra zu. „Richte der Mama und den anderen schöne Grüße von mir aus." Wie es uns ging, hat sie nie gefragt. Sie wusste, dass es für uns nicht leicht war, in einem Judenhaus zu wohnen. Zu gerne hätte ich gewusst, wer jetzt in unserer schönen Wohnung wohnte. Dort, wo ich mich so wohl gefühlt hatte. Aber ich traute mich nicht, Frau Neubauer danach zu fragen.

Heute ging ich nicht zu Mama und Helmut, sondern fuhr mit der Straßenbahn zur Firma Nagel und besuchte Papa. Ich war schon einige Male dort gewesen. Gerne schaute ich zu, wenn die großen Güterzüge voll beladen mit Altmetall in das Schrottlager fuhren. Papa und seine Kollegen luden das Metall vom Wagon und warfen es in eine Presse oder zerschnitten es mit einer riesengroßen Schere. Papa sah mich und rief mir etwas zu. Es war hier aber so laut, ich konnte ihn nicht verstehen. Ich winkte ihm, setzte mich auf eine alte Kiste und schaute den Arbeitern zu. Seit einiger Zeit waren hier auch Fremdarbeiter beschäftigt. Ich konnte ihre Sprache nicht verstehen. Papa hatte mir erzählt, dass es russische

Metallabgabe in der Liebfrauenschule

Männer waren. „Sie sind aus ihrer Heimat verschleppt worden und müssen jetzt bei uns arbeiten."

Kurz bevor Papa mit mir nach Hause gehen wollte, kam einer der Männer auf uns zu. Papa legte stolz seine Hand auf meine Schulter. „Schau, Adam, das ist meine Tochter Liselotte." Der Mann gab uns zu verstehen, dass wir einen Moment warten sollten. Schnell lief er zum Schuppen, in dem die Männer wohnten. Mit einem Apfel in der Hand kam er zurück. „Für dich." Er reicht mir den Apfel und legte seine Hand auf meinen Kopf. Dabei liefen ihm Tränen übers Gesicht. „Er hat zu Hause auch ein kleines Mädchen. Er weiß nicht, ob es ihr gut geht oder ob sie überhaupt noch lebt", erklärt uns ein anderer Arbeiter in gebrochenem Deutsch. Ganz herzlich bedankte ich mich für den Apfel. Es war schon sehr lange her, dass ich einen Apfel gegessen hatte. Papa nahm mich an die Hand und gemeinsam liefen wir zur Straßenbahn. Ich genoss solche seltenen Ausflüge zu Papa sehr. Es waren glückliche Augenblicke in dieser schrecklichen Zeit.

Papa rettet Helmut
Juni 1943

Helmut und die anderen Kinder lebten nun schon mehr als ein halbes Jahr im Heim in Sachsenhausen. An manchen Tagen vergaßen wir, in welcher Gefahr sie schwebten. Ganz langsam keimte in uns die Hoffnung, Helmut würde bald wieder nach Hause kommen. Bis zu diesem sonnigen Tag im Juli. Ich wartete im Rothschildhaus auf Mama. Wir wollten zusammen einkaufen gehen. Ich hörte sie auf der Treppe und lief ihr fröhlich entgegen. Als ich ihr Gesicht sah, wusste ich, etwas musste passiert sein. „Ist was mit Helmut oder mit Inge?“ Mama schüttelte den Kopf. „Zieh deine Jacke an, wir gehen noch schnell zum Metzger einkaufen.“ Schweigend liefen wir in die Fahrgasse. Nur Papa und ich hatten Lebensmittelkarten für Fleisch. Mama hatte als Jüdin schon lange kein Anrecht mehr auf Fleisch oder Wurstwaren.

Als Papa nach Hause kam, brach es aus Mama heraus: „Fritz, jetzt ist es soweit. Heute habe ich von einer Angestellten der jüdischen Gemeinde gehört, dass beim nächsten Transport die Kinder aus dem Heim dabei sind. Jetzt nehmen sie uns den Helmut ab.“ Sofort fing sie an zu weinen. Gerade hatten wir uns etwas sicherer gefühlt. Nun war alles aus. Papa war außer sich vor Wut. Noch nie hatte ich ihn so erlebt. „Das können die nicht machen, morgen lasse ich mir in der Lindenstraße einen Termin geben.“ Papa war schon öfter dorthin bestellt worden. Man wollte ihn immer wieder dazu bewegen, sich von der Jüdin scheiden zu lassen. Er hatte uns geschworen, dass er das nie tun würde. Nur die Ehe mit meinem arischen Vater schützte Mama und bis jetzt auch Helmut. Ich hatte jedes Mal panische Angst, wenn Papa eine Vorladung bekam. Die Frauen im Hermesweg hatten erzählt, dass viele Männer aus der Lindenstraße nicht mehr zurückgekommen waren. „Gegen manche SS-Offiziere dort ist unser Holland ein gutmütiger Mensch“, hatte eine Frau gesagt. Ihr Mann war nach einem Verhör sofort ins KZ abtransportiert worden.

Bevor Papa am nächsten Nachmittag in die Lindenstraße ging, holte er seine Blechdose mit Orden aus seiner Nachttischschublade. Wortlos steckte er die Dose in seine Manteltasche. Mama und ich haben ihn zum Abschied fest gedrückt. Dann saßen wir beide am Küchentisch und warteten. Immer wieder schauten wir auf die Uhr. Dann hörten wir endlich seine Schritte im Treppenhaus. Gleichzeitig sprangen Mama und ich auf und liefen zur Tür. Mit strahlendem Gesicht kam Papa uns entgegen. „Fritz, was ist, was haben sie gesagt?" Mamas Stimme überschlug sich. Papa nahm uns beide in die Arme. „Morgen können wir Helmut nach Hause holen!" Wir waren außer uns vor Freude, hielten uns an den Händen und sangen „Der Helmut kommt heim, der Helmut kommt heim." Vor fast drei Jahren war er aus unserer Familie gerissen worden und nun, nach so langer Zeit voller Angst und Ohnmacht, hatte Papa es geschafft, ihn wieder zurück zu holen.

Nachdem wir uns etwas beruhigt hatten, berichtete Papa uns die Einzelheiten. „Erst haben sie mich lange warten lassen. Dann wurde ich ins Büro gerufen. Ohne lange Reden habe ich dem SS-Mann meine Orden auf den Schreibtisch gekippt. Dann habe ich dem Kerl fest in die Augen geschaut und mit fester Stimme gesagt: ‚Ich habe im Ersten Weltkrieg vier Jahre lang für Deutschland gekämpft und mehrere Verwundungen davon getragen. Dafür habe ich diese Orden und das Eiserne Kreuz bekommen. Ich habe dafür nie einen Pfennig Rente beantragt, ich arbeite jeden Tag zwölf Stunden, damit Deutschland den Krieg gewinnt. Jetzt habe ich dafür einen Wunsch frei. Gebt mir meinen Bub zurück.' Der SS-Mann hat mich nur angeschaut. Vor Aufregung habe ich am ganzen Leib gezittert, aber ich habe mir nichts anmerken lassen. ‚Warten Sie draußen.' Meine Orden habe ich liegen gelassen und bin mit festem Schritt vor die Tür gegangen. Kurz danach bin ich wieder aufgerufen worden. ‚Nehmen Sie ihren Krempel wieder mit. Morgen können Sie ihren Judenbub abholen.' Mehr hat der SS-Mann nicht gesagt und ich bin ohne ein weiteres Wort aus dem Raum gegangen." Mama drückte und küsste Papa. „Ich bin so stolz auf dich, du hast Helmut das Leben gerettet."

„Ich male ein Begrüßungsschild!" Schnell lief ich in mein Zimmer. Papier zum Malen hatte ich schon lange nicht mehr. Papa hatte mir die Pappkartons, die wir für den Umzug von Frau Neubauer bekommen hatten, in Stücke geschnitten. In meiner schönsten Schrift schrieb ich auf einen: „Herzlich willkommen zu Hause." Gerne hätte ich die Buchstaben bunt ausgemalt, aber es gab auch keine Buntstifte mehr. Ich freute mich sehr, war aber gleichzeitig ängstlich. Werden wir uns wieder so gut verstehen wie vorher? Würde es ihm hier im Haus gefallen? Er kannte das Rothschildhaus nur aus Erzählungen. Hoffentlich fühlt er sich hier wohl. Ich würde auf jeden Fall alles tun, damit er glücklich wird.

Am nächsten Morgen lief ich noch vor der Schule zu Frau Neubauer. Mama wollte heute Nachmittag Helmut mitbringen und es wäre wunderbar, wenn wir dann einen Kuchen hätten. Den ganzen Weg hatte ich überlegt, ob ich sie einfach nach einem Kuchen fragen könnte. Als sie die gute Nachricht hörte, freute sie sich riesig. Noch bevor ich dazu kam, um einen Kuchen zu bitten, hatte sie schon einen großen Mandelzopf eingepackt. „Den esst ihr heute zur Begrüßung und sag der Mama und dem Helmut, dass ich mich von ganzem Herzen für euch freue. Und deinen Papa drückst du ganz fest von mir. Er ist ein sehr guter, mutiger Mann." Freudestrahlend brachte ich den Mandelzopf nach Hause und lief dann ganz schnell zur Schule. Wie gerne hätte ich der Lehrerin oder einer meiner Mitschülerinnen erzählt, dass mein Bruder heute wieder nach Hause kam. Dass er fast drei Jahre von uns getrennt gewesen war. Dann hätte ich ihnen aber auch sagen müssen, dass er in einem Heim für jüdische Kinder gelebt hatte. So viel Mut brachte ich nicht auf.

Vor lauter Aufregung schaute ich immer wieder aus dem Fenster. In der Küche hatte ich den Tisch schön gedeckt und den Kuchen in die Mitte gestellt. Das Begrüßungsschild stand auf einem Stuhl, so dass Helmut es sofort sehen konnte. Endlich sah ich die beiden durch den Großen Wollgraben kommen. So schnell ich konnte, rannte ich die Treppe hinunter, die Haustüre hinaus und Helmut entgegen. Wir nahmen uns fest in die Arme und die Tränen liefen uns übers Gesicht. Obwohl ich Helmut in der Hans-Thoma-Straße immer mit Stern gesehen hatte, konnte ich den Anblick hier auf der Straße fast nicht ertragen. Durch die Sonne stach er noch viel greller von seinem alten, viel zu kleinen Anzug ab. Wir hielten uns an den Händen und gingen gemeinsam ins Haus. „Komm, ich zeige dir unsere neue Wohnung. Wir wohnen im dritten Stock. Du darfst dir auch aussuchen, in welchem Bett du schlafen möchtest. Wenn wir dürfen, gehen wir morgen nach der Schule zusammen in die Altstadt." Helmut schaute sich etwas unsicher in der neuen Wohnung um. „Liselotte, du hast ja sogar einen Mandelzopf besorgt. Den hat dir doch sicher die Neubauern gegeben." Mama schaute mich an und ich strahlte. „Kommt, Kinder, wir kochen einen Tee. Gleich wird Papa kommen, und dann essen wir gemeinsam den Kuchen." Obwohl wir uns fast jeden Tag im Kinderheim gesehen hatten, war es ein ganz eigenartiges Gefühl, nach so langer Zeit wieder gemeinsam in unserer Küche zu sitzen. Bevor ich mir weitere Gedanken machen konnte, hörten wir Papa die Treppe heraufkommen. Ich lief ihm sofort entgegen. „Der Helmut ist schon da." Helmut war aus der Küche gerannt. Papa nahm ihn sofort in die Arme und drückte ihn ganz fest an sich. „Endlich sind wir wieder zusammen. So Gott will, werden wir nie mehr getrennt. Das ist der schönste Tag seit Jahren. Auf Kinder, das wollen wir feiern."

Meine Freundin Inge Herz

Ein paar Tage später erzählte Mama ganz traurig, dass alle anderen Kinder ihr Schreiben bekommen hatten. Darin stand, das Heim würde geschlossen und die Kinder kämen nach außerhalb. Jeder wusste, was das zu bedeuten hatte. Einige Tage vor dem Termin ging ich noch einmal ins Kinderheim. Ich wollte mich von meiner Freundin Inge und den anderen Kindern verabschieden. Mama blieb bis zum letzten Tag, sie wollte den Kindern bis zum Schluss beistehen. Helmut durfte nicht mehr mitgehen. Papa hatte es ihm verboten, zu schlimm wäre für ihn der Abschied gewesen. Ich hatte eine schöne Postkarte gekauft, eine Briefmarke aufgeklebt und meine Adresse darauf geschrieben. Die Karte wollte ich Inge mitgeben, damit sie mir schreiben könnte, wo sie war. Schweren Herzens machte ich mich auf den Weg. Vor der Bäckerei Neubauer wartete ich, bis niemand mehr im Laden war. Dann ging ich schnell hinein. Frau Neubauer fragte erstaunt „Warum bis du heute so traurig? Freu dich, dass der Helmut wieder zu Haus ist." „Aber die anderen Kinder müssen morgen auf Transport gehen." Sofort liefen mir wieder die Tränen übers Gesicht. Frau Neubauer nahm mich in den Arm. „Wie viele Kinder sind es denn?" „Ich glaube achtzehn" stammelte ich. Frau Neubauer packte sofort eine große Tüte mit Stückchen. Eigentlich wollte ich sie nur um eins für Inge bitten. Aber Frau Neubauer dachte natürlich an alle Kinder.

Mit der großen Tüte auf dem Arm fiel mir der Weg zum Heim viel leichter. Bestimmt würden sich die Kinder freuen. Mama war ganz erstaunt. „Das ist eine sehr gute Idee gewesen, zur Neubauern zu gehen. Die hat immer ein Herz für die Schwachen. Komm, deck du schnell den Tisch. Letzte Woche hat mir eine fremde Frau Kakao für die Kinder geschenkt, den koche ich in der Zwischenzeit." Ich legte die Butterhörnchen, Schnecken und Amerikaner auf die Teller und stellte auch den Blumenstrauß auf den Tisch. Mama hatte ihn im Garten gepflückt. Dann riefen wir die Kinder. Sie waren sprachlos. Als alle am Tisch saßen, hielt Mama eine kleine Rede. Ich bin mir ganz sicher, es war die einzige Rede in ihrem ganzen Leben. Sie sprach den Kindern Mut zu, sie sollten zusammenhalten und nie die Hoffnung aufgeben. „Ihr seid mir alle sehr ans Herz gewachsen, immer werde ich an euch denken." Ich merkte, wie Mama mit den Tränen kämpfte. Ich konnte keinen einzigen Bissen essen. Inge sah mich die ganze Zeit mit großen Augen an, so als wollte sie sich mein Gesicht einprägen. Als die Kinder aufgegessen hatten, sangen sie uns zum Dank ein hebräisches Lied. Danach liefen sie in den Garten und spielten wieder. Inge und ich saßen noch lange im Mädchenzimmer und umarmten uns ganz fest. „Wir hatten eine schöne Freundschaft, fast ein ganzes Jahr. Vielleicht war es mein letztes Lebensjahr." „Inge, so etwas darfst du nicht einmal denken. Mein Papa hat gesagt, bald ist der Krieg aus. Versprich mir zu schreiben, sobald du weißt, wo ihr hinkommt. Dann können wir uns nach dem Krieg wieder treffen." Danach sprach sie zum ersten Mal darüber, was ihre Mutter ihr zum Abschied gesagt hatte. „Wir werden uns vielleicht lange nicht sehen, aber sehen werden wir uns bestimmt wieder. Wenn nicht auf Erden, dann im Himmel." Wir saßen noch lange schweigend beieinander.

Als wir uns trennen mussten, drückten Inge und ich uns zum Abschied. „Liselotte, ich werde dich nie vergessen und werde dir ganz bestimmt schreiben. Denk an die Worte meiner Mutter: Wir werden uns wieder sehen. Wenn nicht auf Erden, dann im Himmel."

Ich habe Inge nie wieder gesehen, aber auch nie vergessen.

Als ich in der Gedenkstätte Yad Vashem durch das Mahnmal für die 1,5 Millionen ermordeten jüdischen Kinder ging, war mein einziger Gedanke: Inge! Auch nach 60 Jahren liefen mir dabei die Tränen hemmungslos über das Gesicht.

Endlich Besuch

Nachdem das Kinderheim in Sachsenhausen aufgelöst worden war, musste Mama bei der Firma Osterrieth in der Frankenallee arbeiten. In dieser Fabrik wurden Lose für das Winterhilfswerk hergestellt. Für Helmut war es nicht leicht, sich nach fast drei Jahren wieder in die Familie einzugewöhnen, zumal wir nun im Rothschildhaus lebten. Wenn ich zur Schule ging, winkte er mir traurig nach. Den ganzen Vormittag war er dann allein in der Wohnung. Nur das ältere Ehepaar im ersten Stock war noch im Haus, und die waren sehr zurückhaltend. Er fühlte sich schrecklich einsam. Im Heim hatte er immer Kinder um sich. Nun aber fehlten ihm die Spielkameraden. Besonders im Kinderheim in der Hans-Thoma-Straße konnte er sich im Haus und im Garten frei bewegen. Hier im Rothschildhaus war er eingeschlossen. Papa hatte ihm streng verboten, das Haus zu verlassen. Er tat mir unendlich leid. Vormittags vertrieb er sich die Zeit damit, die Kennzeichen aller Autos aufzuschreiben, die durch den Großen Wollgraben fuhren. Auch die unterschiedlichen Automarken notierte er. Wenn ich von der Schule kam, hatte Helmut schon das wenige Essen, was Mama für uns gerichtet hatte, gewärmt. Meistens gab es nur Kartoffeln, die Papa ab und zu von der Firma Nagel mitbrachte. Manchmal bekam Mama auch etwas Gemüse von einer Kollegin geschenkt, die einen kleinen Garten hatte. Auf Lebensmittelkarten gab es für Juden fast nichts mehr, schon gar kein Gemüse. Wir haben in dieser Zeit nur noch von dem gelebt, was wir auf Papas und meine Lebensmittelkarten bekamen. Zum Glück hat uns Frau Neubauer weiterhin mit

Brot versorgt. Oft war es das einzige, was wir zum Essen hatten. Wochenlang haben wir trockenes Brot oder Brot mit Senf gegessen, denn Senf konnte man ohne Zuteilungskarten kaufen.

Helmut wollte unbedingt lernen. Immer saß er neben mir, wenn ich meine Hausaufgaben machte. Während ich meine Rechenaufgaben löste, versuchte er mitzurechnen, aber meistens gelang es ihm nicht. Er hatte nur sehr kurze Zeit regelmäßigen Unterricht gehabt und so beschränkte sich sein Wissen auf die Grundrechenarten. Ich bewunderte ihn für seinen Eifer, mit dem er sich nun mühevoll Rechnen selbst aneignete. Zu gut konnte ich verstehen, dass er manchmal unwirsch wurde, wenn die Rechenaufgaben wieder einmal nicht richtig waren. Umso lieber nahm er mein Lesebuch und las es immer wieder. Wir hatten zu dieser Zeit keine weiteren Bücher, und in meinen Biblischen Geschichten, die mir Kaplan Frink im Kommunionsunterricht geschenkt hatte, wollte er nicht lesen. Zum Glück schenkte uns einige Wochen, nachdem Helmut wieder bei uns wohnte, der Rennstallbesitzer aus Niederrad eine ganze Kiste voll Bücher. In die konnte sich mein Bruder stundenlang vertiefen.

Immer häufiger gab es nun auch tagsüber Fliegeralarm. In der Schule war es für uns schon fast normal, in den Luftschutzkeller zu gehen. Dort hatten wir Kinder keine Angst. Hier im Rothschildhaus war das anders. Bevor Helmut wieder bei uns war, saß ich ganz allein mit dem älteren Ehepaar im feuchten, kalten Keller. Die kleine Kellerlampe beleuchtete den Raum nur spärlich. Die beiden hielten sich immer ängstlich an den Händen. Nie haben sie ein Wort mit mir geredet. Seit Helmut und ich gemeinsam in den Keller gingen, hatte ich weniger Angst. Trotzdem, dieser Keller war mir nicht geheuer, er war mir unheimlich. In Neubauers Keller hatte ich dieses Gefühl nie. Dort waren immer liebe Menschen um mich herum, nie habe ich mich gefürchtet.

Rothschildhaus Eingangsbereich

Wir wohnten nun schon fast ein Jahr im Rothschildhaus. Heute sollten wir zum ersten Mal Besuch bekommen. Normalerweise war es Helmut und mir streng verboten, jemandem die Haustür zu öffnen. Bei Frau Salomon galt dieses Verbot nicht. Mama hatte sie im Hermesweg kennen gelernt, als ihr jüdischer Mann auf der Krankenstation behandelt wurde. Sie selbst war keine Jüdin. Helmut freute sich besonders auf diese Abwechslung, denn noch immer durfte er das Haus nicht verlassen. Es gab nur noch wenig Juden in Frankfurt, und für die wurde es zunehmend gefährlicher auf den Straßen. Ich hatte es besser. Morgens ging ich in die Schule und nach den Hausaufgaben einkaufen. Manchmal besuchte ich Frau Fischer im Wollgraben und spielte mit Hildegard, oder wir gingen zusammen spazieren.

Endlich klingelte es. Wir liefen die Treppe hinunter und begrüßten Frau Salomon stürmisch. Sie war eine sehr feine, liebe Frau und brachte jedem von uns ein Geschenk mit, mir ein Püppchen und Helmut ein Flugzeug. Helmut freute sich riesig, es war sein erstes Geschenk seit Jahren. Ins Heim durften wir ihm außer Lebensmittel nichts mitbringen. Nach kurzer Zeit fragte sie uns: „Wisst ihr eigentlich, dass ihr in einem ganz besonderen Haus wohnt?“ Wir sahen sie erstaunt an. Mir war zwar aufgefallen, dass das Haus völlig anders aussah als die übrigen Häuser in der Straße. Ich hatte mir darüber aber keine Gedanken gemacht.

„Das Rothschildhaus ist das letzte Haus der ehemaligen Judengasse. Der Besitzer, Mayer Amschel Rothschild, hatte im Erdgeschoss sein Kontor und lebte in den oberen Stockwerken mit seiner Frau Gudula und ihren zehn Kindern. Als er 1812 starb, war seine Familie schon sehr wohlhabend. Trotzdem blieb seine Witwe in diesem Haus wohnen. Gudula starb erst 1849 im Alter von 96 Jahren. Danach wurde das Haus als Museum eingerichtet, um an die legendäre Familie von Rothschild zu erinnern.“ Wir hörten gespannt zu, bisher hatte uns niemand etwas von dem Haus erzählt. „Eigentlich sind es zwei Häuser, die linke Hälfte hieß früher ‚Zum grünen Schild‘ und die rechte ‚Die Arche‘ oder ‚Zum Schiff‘. Alle Häuser in der Gasse waren ganz schmal. Erst durch die Zusammenlegung der beiden Häuser entstand dieses größte und prächtigste Haus in der ganzen Judengasse.“ Wir hätten ihr noch stundenlang zuhören können und waren traurig, als sie wieder ging. Am nächsten Tag sind Helmut und ich noch einmal durch das Haus gegangen. Jetzt war uns auch klar, warum es nur im ersten Stock eine Wohnungstür gab. Ab hier begannen damals die Wohnräume der Familie Rothschild. Wir waren richtig stolz, in so einem besonderen Haus zu wohnen.

19. März 1944	*Deutsche Truppen besetzen Ungarn*
06. Juni 1944	*Invasion der Alliierten in der Normandie*
ab April 1944	*Beginn der Deportation ungarischer Juden nach Auschwitz*

Bomben über Frankfurt

Degenhardts kommen
4. Oktober 1943

Schon am Vormittag heulten die Sirenen, das hatten wir bisher noch nicht erlebt. Die Entwarnung kam kurz vor Schulende. Danach durften wir Kinder sofort nach Hause gehen. Für Oktober war es schon ziemlich kalt. Helmut und ich hatten den ganzen Tag gefroren und waren früh ins Bett gegangen. Kurze Zeit später heulten erneut die Sirenen. Sofort liefen wir mit Mama in den Keller. Papa blieb wie immer noch auf der Straße stehen. Als er in den Keller kam sagte er: „Ich glaube, heute wird es ernst." Mit besorgtem Blick setzte er sich zu uns. Das Dröhnen der Flugzeuge kam näher. Es wurde immer lauter. Dann detonierten die ersten Bomben. Danach ging es Schlag auf Schlag. Obwohl das Rothschildhaus einen sehr tiefen Gewölbekeller hatte, hörten wir die Einschläge so laut wie nie zuvor. Ich hielt mir die Ohren zu, um das pausenlose Explodieren der Bomben nicht mehr zu hören. Alle saßen verängstigt im kalten Keller, keiner sprach ein Wort. Ich klammerte mich immer fester an Mama. Endlich gab es Entwarnung. Papa ging als erster nach oben. Als er kurz darauf zurückkam, beruhigte er alle: „Wir hatten großes Glück. Es ist nichts zerstört worden. Wir können alle wieder in unsere Wohnungen gehen." Helmut und ich saßen immer noch voller Angst ganz nah bei Mama. So einen schweren Angriff hatten wir noch nicht erlebt. Sie versuchte, uns zu beruhigen. „Heute Nacht wird es keinen Alarm mehr geben. Liselotte, du darfst morgen früh länger schlafen." Nach nächtlichem Fliegeralarm fing die Schule immer zwei Stunden später an. Ich lag noch lange wach und horchte in die Dunkelheit. In unserer Umgebung war es still, doch in der Ferne hörte ich die Sirenen der Feuerwehr.

Als ich am nächsten Morgen wach wurde, vernahm ich Stimmen aus der Küche. Schnell stand ich auf. Wer sollte uns schon so früh besuchen? In der Küche saßen eine Frau und ein Mann, das Ehepaar Degenhardt. Sie waren in der Nacht zu uns gekommen, um meine Eltern um Hilfe zu bitten. Ihr Haus in der Schützenstraße war bei diesem ersten großen Angriff auf Frankfurt komplett zerstört worden. Sie besaßen nur noch die Kleider, die sie am Leib trugen und den Notfallkoffer mit ihren wichtigsten Unterlagen. Frau Degenhardt war wie Mama Jüdin. Beide arbeiteten zusammen bei der Firma Osterrieth. Für meine Eltern war es selbstverständlich, sie bei uns aufzunehmen.

So zogen Degenhardts zu uns. Sie bekamen unser Kinderzimmer, denn dieses hatte ein eigenes Waschbecken. Unsere Betten wurden kurzerhand in der guten Stube aufgestellt. Das ging problemlos, denn außer dem Tisch mit vier Stühlen und der kleinen Kommode standen hier keine Möbel. Alle übrigen Hausbewohner halfen ebenfalls sofort und brachten, was sie entbehren konnten, Geschirr, Wäsche, Kleidung. Bald hatten die beiden wieder das Nötigste zusammen. Herr Degenhardt kam am nächsten Tag ganz stolz aus ihrer zerstörten Wohnung. „Das konnte ich noch retten." Er zeigte uns eine kleine Kiste mit Handwerkszeug. „Ihr müsst wissen, ich bin von Beruf Schuhmacher und arbeite in einer Lederfabrik in Offenbach. Ich habe meiner Frau versprochen, ihr ein Paar ganz weiche Schuhe zu machen. Jetzt, wo ich mein Werkzeug wieder habe, kann ich mein Versprechen halten." Mit Degenhardts kam Leben in unsere Wohnung, denn Herr Degenhardt war ein sehr unterhaltsamer Mann. Abends durften wir ihm oft zuschauen, wenn er an den Schuhen für seine Frau arbeitete. Dabei erzählte er uns Geschichten. Manchmal sprach er von seinen Kindern, einer Tochter und einem Sohn, die sie schon vor dem Krieg nach Amerika zu Verwandten geschickt hatten. Es ging ihnen dort gut und nach dem Krieg wollten Degenhardts auch nach Amerika auswandern. Manchmal beneidete ich diese Kinder, obwohl ich sie nie gesehen hatte. Sie mussten nicht nachts in den Keller gehen. Sie kannten keine Angst vor Bomben.

Frau Degenhardt konnte nicht gut laufen. Schon der Weg zur Arbeit machte ihr viel Mühe. Sonntags blieb sie daher gerne in der Wohnung. Wenn Herr Degenhardt dann zu Freunden nach Offenbach fuhr, nahm er mich manchmal mit. Er hätte auch Helmut gerne mitgenommen, aber das war viel zu gefährlich. Auch wenn ich wegen Helmut ein schlechtes Gewissen hatte, genoss ich diese Sonntagsausflüge mit der Lokalbahn sehr. Einmal, als wir an einer Haltestelle standen, zeigte Herr Degenhardt auf das Schild „Müller GmbH." „Weißt du, was GmbH bedeutet?" Ich hatte natürlich keine Ahnung. „Das ist doch ganz einfach: Großmutter muss bezahlen helfen!" Ich habe mich köstlich amüsiert. Ihm fielen noch viel mehr Wörter zu den Buchstaben ein. Bei seinen Freunden gab es Kuchen und ich bekam ein großes Glas Milch dazu. Es war fast wie vor dem Krieg. Wir durften auch ein Stück Kuchen für Helmut mitnehmen, das tröstete ihn ein klein wenig.

Einige Tage später saß Helmut stumm am Küchentisch, als ich aus der Schule kam. Er hatte weder den Tisch gedeckt, noch das Essen gewärmt. Erstaunt sah ich ihn an. „Was ist los, geht es dir nicht gut?" „Was glaubst du, wie es mir geht, wenn ich immer in der Wohnung bleiben muss? Im Heim konnte ich wenigstens in den Garten. Hier in dieser eiskalten Wohnung bin ich wie lebendig eingemauert. Ich will endlich raus. Ich will durch die Stadt laufen, mit der Straßenbahn fahren und ins Kino gehen. Was habe ich denn von meiner Freiheit? Nichts, gar nichts!“ So hatte ich Helmut noch nie erlebt. Ich versuchte, ihn zu beruhigen. Aber er drehte sich um und lief in unser Zimmer. Ich konnte ihn gut verstehen. Das Einzige, was Helmut in den letzten Jahren erlebt hatte, war Angst. Die Angst ums eigene Leben, die Einsamkeit, die Verachtung der Mitmenschen und die Sehnsucht nach einem normalen Alltag. Von unserem Küchenfenster aus schauten Helmut und ich oft voller Sehnsucht auf die Terrasse im Hinterhof. Sie war nur von den Zimmern im ersten Stock aus zu betreten. Frau Salomon hatte uns erzählt, dass schon Frau Rothschild gerne auf dieser Terrasse gesessen hatte. Sie genoss hier die wenige frische Luft, die in diesen engen Hinterhof kam. Leider kam dem älteren Ehepaar, zu deren Wohnung die Terrasse gehörte, nicht in den Sinn, dass wir Kinder und besonders Helmut, uns nach Licht und Luft sehnten und gerne auch einmal dort gesessen hätten. So blieb uns nur der neidvolle Blick aus unserem Küchenfenster. Zur Straßenseite durften wir seit einiger Zeit die Fenster auch nicht mehr öffnen. Im Haus gegenüber, im gleichen Stockwerk wie wir, hatte die HJ (Hitlerjugend) einen Versammlungsraum. Die jungen Burschen wussten genau, dass das Rothschildhaus ein Judenhaus war. Als Helmut sich einmal aus dem Fenster lehnte, um mir entgegen zu sehen, haben sie sofort ihre Fenster aufgerissen und geschrieen: „Mach dein Fenster zu, du Saujude, sonst werfen wir dir die Scheiben ein.“ Wir haben danach aus Angst schon am Nachmittag die Verdunklungsrollos zugezogen. Trotz aller Schikanen beneideten Helmut und ich die Jungen und Mädchen, die in der HJ oder beim BdM (Bund Deutscher Mädel) organisiert waren. Oft erzählten meine Mitschülerinnen von den Gruppennachmittagen.

Schon als wir noch bei Neubauers wohnten wollte ich, wie alle Mädchen aus meiner Klasse, zum BdM. Eines Tages kam die Klassenlehrerin und sagte: „Am Sonntag um 15 Uhr treffen sich alle

Mädchen der vierten Klasse am Paulsplatz. Von dort aus werdet ihr zu euren Gruppenräumen gehen." Alle freuten sich und liefen aufgeregt aus dem Klassenraum. Als ich an der Lehrerin vorbei wollte, hielt sie mich am Arm fest und wartete, bis die anderen Mädchen gegangen waren. „Liselotte, für dich gilt das nicht. Du weißt ja, dass *Mischlinge ersten Grades* nicht zum BdM dürfen." Ich schaute sie traurig an, aber ich hatte es mir ja schon fast gedacht. So bin ich dann sonntags oft zum Paulsplatz gelaufen und habe heimlich zugeschaut, wenn sich die Mädchen trafen. Es tat mir sehr weh, wenn sie am Montag von den Treffen erzählten. Sie hatten gesungen, gespielt oder gebastelt. In den Ferien fuhren sie ins Sommerlager, nur ich durfte nicht mit. Sie kamen oft in ihren Uniformen in die Schule. Nie hat eine Klassenkameradin mich gefragt, warum ich nicht da war, selbst meine Freundin Marion nicht.

Auch jetzt sah ich oft die Jungen der HJ, wenn sie sich am Paulsplatz trafen. Sie zogen dann in Gruppen von fünfzig bis sechzig jungen Burschen mit Pauken und Trompeten Richtung Zeil. Dabei sangen sie Lieder wie *„Die Fahne hoch! Die Reihen fest geschlossen…"* Ein Liedtext ist mir bis heute, wenn auch nur stückweise in schrecklicher Erinnerung: *„Wenn der Sturmsoldat ins Feuer geht, da hat er frohen Mut, und wenn das Judenblut vom Messer spritzt, dann geht's noch mal so gut."* Dann verkauften sie Lose für das Winterhilfswerk oder gingen mit ihren Sammelbüchsen durch die Straßen. Damit klapperten sie ganz laut und riefen: „Spendet für das Winterhilfswerk, unterstützt unsere Soldaten an der Front, unterstützt den Kampf gegen den Feind." Wer etwas in die Spendenbüchse warf, bekam ein kleines Abzeichen zum Anstecken. Manchmal war die Versuchung groß, auch ein Los zu kaufen und eine Anstecknadel zu bekommen. Aber Mama verbot es mir sofort. „Es ist schon schlimm genug, dass ich für diese Lose arbeiten muss. Die Spenden verlängern nur diesen schrecklichen Krieg." Das Klappern dieser Spendenbüchsen hatte ich noch jahrelang in

HJ-Burschen in der Innenstadt

den Ohren. Immer verband ich das Geräusch mit Krieg, Erniedrigung und Angst.

Beim Abendessen nahm Helmut allen Mut zusammen und fragte, ob er nicht wenigstens einmal ins Kino gehen dürfte. Er bettelte so sehr, dass meinen Eltern klar wurde, wenn sie es ihm nicht erlauben, würde er heimlich gehen. Am nächsten Abend ging Helmut das erste Mal seit Jahren wieder ins Kino. Er hatte den Judenstern nur mit einer Sicherheitsnadel unter den linken Kragen seiner Jacke befestigt. So konnte man ihn auf den ersten Blick nicht erkennen. Wenn eine Kontrolle gekommen wäre, hätte er schnell den Kragen hochgestellt und der Stern wäre gut sichtbar gewesen. Papa ging mit ihm bis zum Kino. Nach dem Film wollte er ihn dort wieder abholen. Papa hatte immer Angst um Helmut. Es gab nicht mehr viele Stern tragende Juden in Frankfurt. Die meisten, die noch in der Stadt waren, lebten wie Mama in einer privilegierten Mischehe und mussten keinen Stern tragen. Die wenigen fielen daher umso mehr auf. Die Gefahr, angepöbelt zu werden, war sehr groß. Wir saßen an diesem Abend sehr unruhig in der Küche. Herr Degenhardt versuchte die Stimmung etwas aufzuheitern, aber so richtig wollte es ihm nicht gelingen. Dann gab es Fliegeralarm. „Ihr geht in den Keller, und ich hole Helmut im Kino ab. Der darf doch in keinen öffentlichen Luftschutzkeller." Papa war sofort aufgesprungen und rannte los. Mama und ich sind mit den Anderen in den Keller, und erst als wir die Flugzeuge schon von Weitem hörten, kam Papa mit Helmut zurück. „Das war knapp, wir haben es gerade noch geschafft." Danach ist Helmut immer wieder einmal heimlich aus dem Rothschildhaus in die Stadt gelaufen. Er hat es uns nicht gesagt, aber jeder wusste es.

Weihnachten 1943

Die Luftangriffe wurden immer schlimmer. Stundenlang saßen wir manchmal im eiskalten Keller, bis die Sirenen endlich Entwarnung gaben. Auch in der Wohnung wurde es immer kälter, denn wir hatten kein Brennmaterial. Selbst wenn wir Holz oder Kohlen gehabt hätten, wir hätten es nur unter dem Waschkessel in der Küche verbrennen können. In der restlichen Wohnung gab es keine Öfen. Ab und zu stellten wir den Gasherd an und öffneten die Backofentür. Dann erwärmte sich die Küche ein ganz klein wenig. Die meiste Zeit saßen wir in dicken Pullovern und warmen Socken in der Küche. Nach dem Essen gingen wir sofort ins Bett, denn unter dem Federbett war der einzige warme Platz. Mama ging es seit einiger Zeit nicht gut. „Du solltest einmal zum Arzt gehen." Papa drängt sie immerzu. Heute war sie früher von der Arbeit nach Hause gekommen. „Liselotte, bevor wir beide einkaufen gehen, will ich zuerst zu Dr. Goldschmidt gehen. Irgendetwas stimmt nicht mit mir." Mama war bisher nie krank gewesen. „Warum gehen wir nicht ins Hospital zum Heiligen Geist? Da hat mich damals der Papa hingetragen, als ich den Fuß verstaucht hatte?" „Aber Liselotte, du weißt doch, dass Juden nicht ins Krankenhaus dürfen. Ich kann nur zu Dr. Goldschmidt gehen, er ist der einzige jüdische Arzt, den ich kenne." Ich blieb im Wartezimmer. Hoffentlich ist Mama nicht ernsthaft krank. Als sie aus dem Sprechzimmer kam, meinte sie: „Wir müssen morgen Abend zu einem anderen Arzt gehen. Dr. Goldschmidt wird mit ihm sprechen." „Wieso am Abend?" Mir war das Ganze unheimlich. „Am Abend ist es am sichersten, da sieht uns niemand. Dieser Arzt untersucht nur Dr. Goldschmidt zuliebe jüdische Patienten." „Muss ich wieder mit dir gehen?" „Liselotte, wen soll ich denn sonst mitnehmen? Papa ist viel zu beschäftigt und Helmut darf nicht aus dem Haus. Du bist meine Große, auf dich kann ich mich verlassen. Komm, wir gehen noch schnell einkaufen, bevor es dunkel wird."

Am nächsten Abend gingen wir in die Nibelungenallee. Auf dem Schild am Haus stand: Frauenarzt. Ich hatte noch nie gehört, dass es Ärzte nur für Frauen gibt, traute mich aber nicht zu fragen. Wir waren die einzigen Patienten. Wieder blieb ich im Wartezimmer, während Mama untersucht wurde. Mit einem kleinen Lächeln im Gesicht kam sie zu mir. „Was hat der Arzt gesagt?" Ich konnte es kaum erwarten. "Es ist nichts Schlimmes, in ein paar Monaten geht es mir wieder besser." Gott sei Dank, denn bald ist Weihnachten. Wie würde das erste Fest im Rothschildhaus werden? Ich vermisste unsere Wohnung und die Familie Neubauer sehr. Gerade jetzt vor Weihnachten. Einige Kinder aus meiner Klasse waren schon zu ihren Verwandten aufs Land gefahren. Wir hatten keine Verwandten, zu denen ich gekonnt hätte, und außerdem war es Juden strengstens verboten, ihren Wohnort zu verlassen.

Wenn ich mittags durch die Altstadt ging, sah ich keinen einzigen Christbaumverkäufer. Auf dem Römerberg fand in diesem Jahr erstmals seit Jahren kein Weihnachtsmarkt statt. So lange ich mich erinnern konnte, standen hier die Verkaufsbuden, Stände, an denen Mama uns immer eine Zuckerstange gekauft hatte, Buden mit Christbaumkugeln, die mit der Beleuchtung des großen Tannenbaumes vor dem Römer um die Wette strahlten. In diesem Jahr blieb der Platz leer, nicht einmal das Karussell war da. Jetzt, wo Helmut endlich wieder bei uns war, sollten wir an Weihnachten keinen Christbaum haben? Schon bei dem Gedanken kamen mir die Tränen. Weil Mama mir aufgetragen hatte, in der Stadt zu schauen, wo es noch Lebensmittel zu kaufen gab, ging ich Richtung Paulsplatz. Dort versammelten sich wieder einmal die BdM-Mädchen. Ich wollte ihnen zuschauen und stand in Gedanken versunken vor dem Papierladen Braunwart und schaute ins Schaufenster. Ich traute meinen Augen nicht, da stand doch tatsächlich ein kleiner, bunt bemalter Christbaum aus Pappe. Er strahlte mich an. Auf dem kleinen Schildchen daneben stand der Preis: 1,20 Reichsmark. Schnell lief ich nach Hause und erzählte Helmut davon. Auch er war begeistert – wenn Mama uns das Geld geben würde, könnten wir unsere Eltern mit dem Baum überraschen. Gespannt warteten wir, bis Mama von der Arbeit kam, und sofort rannte ich auf sie zu. „Ich habe etwas ganz besonders Schönes für Weihnachten gesehen. Kannst du mir 1,20 Mark geben? Bitte Mama, es wird für uns alle eine große Überraschung werden.“ Noch nie hatte ich um Geld gebettelt, aber diesen Baum wollte ich unbedingt für uns kaufen. Mama sah mich erstaunt an. „Das muss ja etwas ganz Besonderes sein, wenn du nach Geld fragst. Hier hast du zwei Mark, vielleicht findest du für den Rest noch etwas Schönes in der Stadt.“

Am nächsten Tag lief ich sofort nach der Schule zum Papierladen und kaufte den Baum. Der Verkäufer musste ihn aus dem Schaufenster holen, es war der letzte Baum, den er hatte. Als ich nach Kerzen fragte, sah er mich an und meinte: „Wenn ich welche hätte, würde ich sie dir gerne verkaufen, aber ich glaube, dieses

Jahr bekommst du in ganz Frankfurt keine. Versuch mal, ob du irgendwo noch Bunkerlichter auftreiben kannst." Ich bedankte mich und lief freudestrahlend nach Hause. Helmut und ich haben den Baum vorsichtig ausgepackt, er war aus fester Pappe, die bunten Kugeln und die roten Kerzen waren geprägt und wirkten dadurch fast echt. Er war sicher einen halben Meter groß und hatte auf der Rückseite einen Ständer zum Ausklappen. Helmut und ich waren begeistert, da würden Mama und Papa staunen, wenn wir den am Heiligen Abend aufstellten. Wir versteckten ihn in unserem Schrank. In den nächsten Tagen bin ich von einem Geschäft zum anderen gelaufen und hatte tatsächlich noch vier Bunkerlichter – ähnlich den heutigen Teelichtern – bekommen. Nun konnte es Weihnachten werden. Wir wussten, dass es in diesem Jahr keine Geschenke geben würde – woher sollten meine Eltern diese nehmen? Sie waren schon froh, wenn sie für uns genug zu essen hatten. Für Kinder gab es zu Weihnachten eine Sonderzuteilung von 50 g Kakao. Wir bekamen die Menge natürlich nur für mich, jüdischen Kindern standen Sonderzuteilungen nicht zu. Die Verkäuferin hat mir die 50 g in ein winziges Papiertütchen abgefüllt. Ich trug es wie einen Schatz nach Hause. Eigentlich wollten Helmut und ich den Kakao bis Weihnachten aufheben, aber unser Hunger und das Verlangen nach etwas Süßem waren größer. Im Küchenschrank fanden wir noch etwas Zucker, und so haben wir uns aus Kakao, Zucker und ganz wenig Milch einen Brei angerührt und diesen auf eine Scheibe Brot gestrichen. Wir haben diese Masse „Kakao-Schmiersel" genannt. Es war wie im Märchen vom Schlaraffenland, so köstlich hat uns dieses Brot geschmeckt.

Am Abend vor dem Heiligabend lag ich in meinem Bett im stockdunklen Zimmer. Früher hatten wir oft vor Weihnachten aus dem Fenster gesehen und nach Sternschnuppen Ausschau gehalten. Selbst diese kleine Freude war uns verwehrt, seit Kriegsbeginn mussten die Fenster verdunkelt werden. Ich konnte meine Tränen nicht zurück halten. Nun war Helmut endlich zu Weihnachten wieder zu Hause und es würde ein trauriges Fest werden. Helmut hörte mich: „Was hast du denn, warum weinst du?“ „Ich muss an die schönen Weihnachtsfeste im Wollgraben denken, als noch kein Krieg war. Ich habe immer noch den herrlichen Duft nach Weihnachtsgebäck in der Nase, der durchs ganze Haus zog und musste gerade an die Sternschnuppen denken.“ Helmut lachte leise. „ Kannst du dich noch an den gefrorenen Hasen erinnern, der vor dem Küchenfenster baumelte? Den hat Papa doch immer von einem Kollegen bekommen. Das sah so lustig aus, wenn der vor der Scheibe hin- und herschaukelte. Und zwei Tage vorm Heiligabend durften wir nicht mehr durch die Stube gehen, die hatte Mama dann abgeschlossen.“ „Ich stelle mir gerade die vielen Plätzchen vor, die Mama von Frau Neubauer bekommen hat, Monde, Sterne, Herzen und Tannenbäumchen, die schmeckten herrlich. Und vor der Bescherung gab es Kartoffelsalat mit Frankfurter Würstchen.“ Helmut seufzte: „Die knackten so, wenn man hineingebissen hat und geschmeckt haben die, mir läuft das Wasser im Mund zusammen. Ganz besonders schön war, wenn wir endlich in die Stube durften und den duftenden Tannenbaum voller silberner Kugeln und Kerzen sahen, dann war richtig Weihnachten. Liselotte, sei nicht traurig, irgendwann haben wir wieder so einen schönen Heiligen Abend. Morgen wird es auch schön werden, wenn wir Mama und Papa mit dem Papp-Weihnachtsbaum überraschen.“ „Helmut, weißt du noch, dass du den Brummkreisel gleich am Weihnachtsabend auseinander genommen hast, weil du wissen wolltest wo die Musik herkommt?“ Helmut musste sofort lachen: „Und ob, ich wollte unbedingt wissen, wie es im Kreisel aussieht. Danach habe ich ihn nicht wieder zusammen bekommen, aber die einzelnen Teile haben mir auch gut gefallen.“ Ich hörte, wie er sich umdrehte und in sein Federbett rollte. Ich lag noch lange wach und kuschelte mich an meine Puppe Heidi. Vielleicht hat Helmut Recht, irgendwann muss der Krieg ja vorbei sein und dann würde es wieder so schön wie früher.

Am Heiligabend war die Stimmung im ganzen Haus sehr gedrückt. Trotzdem freuten Helmut und ich uns darauf, unsere Eltern mit dem Bäumchen zu überraschen. Wir wollten, wie immer, den Abend in der Guten Stube feiern, auch wenn diese, seit Degenhardts bei uns wohnten, als Kinderzimmer genutzt wurde. Wir legten eine von Mamas guten, weißen Tischdecken auf den Tisch. Das Tannenbäumchen stellten wir genau in die Mitte und die vier Bunkerlichtchen um ihn herum. Wir hatten im Keller in der Kiste mit den Weihnachtssachen die bunten Pappteller, auf denen Nüsse, Tannenzweige oder Kugeln abgebildet waren, gefunden. Jedes Jahr hat Mama für jeden einen Teller mit Plätzchen, Äpfeln, Mandarinen und einem kleinen Stück Schokolade gefüllt. Schon ihr Anblick erinnerte mich an den herrlichen Duft der Mandarinen, die es nur zu Weihnachten bei uns gab. Eigentlich wollten wir sie auf den Weihnachtstisch stellen, aber was sollten wir darauf legen, wir hatten nichts, gar nichts. Von irgendwo hörte ich eine der wenigen, noch verbliebenen Glocken läuten. „Jetzt ist Heiligabend. Helmut, du zündest die Lichtchen an und ich hole Mama und Papa aus der Küche.“ Wir hatten uns vorgenommen „O Tannenbaum“ zu singen, aber als wir in das dunkle, kalte Zimmer traten, wo die winzigen Lichtchen unseren Weihnachtsbaum aus Pappe beleuchteten, brachten wir keinen Ton heraus. Wir kämpften beide heftig mit den Tränen und auch Mama und Papa standen sprachlos in der Tür. Schweigend setzten wir uns an den Tisch und hielten uns an den Händen. Die traurige Stimmung lähmte uns, ich dachte, viel schlimmer kann es eigentlich nicht mehr werden. Ich wusste, wie schwer es für meine Eltern war, nichts für uns Kinder zum Weihnachtsfest zu haben, nicht einmal genug zu essen. Von dem wenigen, was wir bekamen, konnte Mama nichts für Weihnachten zurücklegen. So gab es, wie jeden Tag in den letzten Wochen, Kartoffeln. Das war das Einzige, was wir hatten. Mama konnte als Erste wieder reden. „Schön, dass wir wieder zusammen sind, das ist das schönste Geschenk! Und wir haben sogar einen Weihnachtsbaum.“

Es klingelte. Wir sahen uns erstaunt und gleichzeitig erschrocken an. Wer konnte das sein? Papa stand auf und ging nach unten. Kurz darauf hörten wir ihn schnell die Treppe heraufkommen. „Das lag vor unserer Haustür." Er hielt einen großen Laib Brot und einen Napfkuchen in der Hand und strahlte übers ganze Gesicht. Wir wussten alle, von welchem Christkind diese Gaben kamen. Plötzlich schien das kleine Licht der Bunkerkerzen viel heller, und der Pappbaum sah noch viel schöner aus. Mama lief schnell in die Küche, kochte eine Kanne voll Malzkaffee, rief das Ehepaar Degenhardt, stellte den Napfkuchen auf den Tisch und gemeinsam aßen wir den ganzen Kuchen auf. Während wir so gemütlich zusammen saßen, fragte Herr Degenhardt mit einem verschmitzten Lächeln im Gesicht: „Könnt ihr beiden euch vorstellen, noch ein kleines Geschwisterchen zu bekommen?" Helmut und ich machten große Augen und Mama und Papa lachten. „Ist das wahr?" Ich schaute Mama ungläubig an und sie nickte nur. „Das ist doch ein guter Grund, zu feiern." Herr Degenhardt holte seine Mundharmonika. Wir sangen alle zusammen Weihnachtslieder und lauschten den fröhlichen Geschichten von Herrn Degenhardt. Es wurde doch noch ein glücklicher Heiliger Abend.

Geburtstag
11. Januar 1944

Es war noch dunkel, als mein Wecker klingelte; selbst unter meinem Federbett fröstelte ich. Es war mein 11. Geburtstag, ein kalter grauer Tag. Helmut schlief noch, warum sollte er auch schon aufstehen. Er durfte nicht zur Schule gehen und in der Wohnung war es eiskalt, wir hatten immer noch keine Kohlen zum Heizen. Leise huschte ich aus dem Zimmer, machte mich fertig und wollte gerade mein Pausenbrot einpacken, das Mama mir auf den Tisch gelegt hatte. Und dann sah ich ihn, einen Briefumschlag. In schönen

Buchstaben stand „Für das Liselottchen“ darauf. So nannte mich nur Herr Degenhardt. Als ich ihn aufgemacht hatte, konnte ich es nicht glauben. Auf dem Briefbogen stand ein Gedicht, ein Gedicht nur für mich. Ich las es immer wieder. So traurig ich gerade noch aus dem Bett aufgestanden war, jetzt war ich überglücklich, noch nie hatte jemand mir ein Gedicht geschenkt.

Da hatte Herr Degenhardt aber gut zugehört, als er mich gestern Abend fragte, wer im letzten Jahr, als wir noch bei Neubauers wohnten, bei meinem 10. Geburtstag da war. Frau Neubauer hatte mir damals eine große Tüte mit leckeren Kaffeestückchen geschenkt und Mama war extra früher aus der Hans-Thoma-Straße gekommen. Ich hatte schon den Tisch in der Küche gedeckt, und Mama hatte sogar eine winzige Kerze für den Geburtstagstisch organisiert. Das freute mich ganz besonders, denn schon im letzten Jahr gab es keine Kerzen mehr zu kaufen. Ich durfte alle meine Freundinnen einladen. Marion brachte mir sogar einen Schal mit, den Oma Ofenloch für mich gehäkelt hatte. Für jedes Kind gab es zu den Stückchen eine Tasse Milch. Danach hatten wir alle zusammen in der Küche gespielt.

Heute würden keine Kinder kommen. Schnell lief ich zur Schule, denn ich wollte an meinem Geburtstag auf keinen Fall zu spät kommen.

Als ich nach Hause kam, schaute Helmut schon aus dem Fenster, obwohl er das nicht sollte, und begrüßte mich freudestrahlend an der Wohnungstür. „Du musst die Augen zu machen und erst wenn ich es sage, darfst du sie wieder öffnen.“ Er nahm mich an der Hand, zog mich in die Küche und stellte mich an den Tisch. „Augen auf!“ Extra für mich hatte er eine Decke auf den Tisch gelegt und zu meinem Teller ein von ihm gemaltes Bild gestellt. „Setz dich hin, heute bediene ich dich.“ Helmut legte von den Kartoffeln, die er für uns gekocht hatte, zuerst einige auf meinen Teller und dann den kleineren Rest auf seinen Teller. „Ich habe sogar noch etwas Butterschmalz an die Kartoffeln gemacht, lass es dir gut schmecken." Trotz der kargen Mahlzeit freute ich mich sehr darüber. Nach dem Essen las ich ihm das Gedicht von Herrn Degenhardt vor. Als am Abend meine Eltern nach Hause kamen, gab es noch mehr Überraschungen. Papa hatte von einem Arbeitskollegen eine Tüte mit Äpfeln bekommen, die waren schon etwas schrumpelig, schmeckten aber sehr gut. Mama schenkte mir ein Glas mit Mirabellen, das ihr eine Kollegin mitgegeben hatte. Selbst Frau Stock, die unter uns wohnte und immer sehr zurückhaltend war, brachte mir ein Glas Erdbeermarmelade. Ich war überglücklich, denn so viele Köstlichkeiten hatte ich schon lange nicht mehr bekommen. Später setzten wir uns mit Familie Degenhardt in die Küche und Herr Degenhardt spielte wieder auf seiner Mundharmonika. Es war einer der wenigen glücklichen Abende im Rothschildhaus. Noch heute kann ich mich an die ersten Zeilen des Gedichts erinnern:

Weißt du noch, wie es an deinem Geburtstag war?
In aller Früh begann es schon, da kam zuerst die Marion.
Dann die Hannelore und die Ursula,
auch die Hildegard war da.
Zuletzt die Anneliese,
alle brachten dir Geburtstagsgrüße.

Erster Großangriff
Samstag, 29. Januar 1944

Heute hängte Fräulein Müller eine große Karte an die Wand, auf der eine Frau abgebildet war. Sie deutete mit dem Zeigestock auf die Person und sagte mit ihrer durchdringenden Stimme, voller Verachtung: „Schaut euch diese Frau an: gefärbte Haare, lackierte Fingernägel, geschminkte Lippen, Zigarette in der Hand, Beine übereinander geschlagen. So sehen Amerikanerinnen und Engländerinnen aus. Das sind unsere Feinde. Eine deutsche Frau dagegen ist immer sittsam gekleidet, hat eine einfache Frisur, hat keine Schminke nötig, trägt Röcke übers Knie und im Haus eine Schürze. Eine deutsche Frau ist immer für ihre Kinder da. Könnt ihr euch vorstellen, dass so eine Frau" – dabei deutete sie wieder auf das Bild an der Wand – „in dieser Aufmachung sich um ihre Kinder kümmert?" Und alle Kinder schrieen: „Nein!" „Es gibt nichts Wertvolleres, als eine deutsche Mutter. Eine deutsche Mutter ist zu Hause bei ihren Kindern und erzieht sie im Namen Adolf Hitlers." Ich machte mich ganz klein. Ich hoffte inständig, dass die Lehrerin nicht gemerkt hatte, dass ich nicht „Nein!" gerufen hatte. Ich hatte mich nicht getraut, denn ich hatte ja eine jüdische Mutter und das war wahrscheinlich noch schlimmer.

Noch während sie weiter über das verachtenswerte Verhalten der feindlichen Frauen und die Vorzüge einer guten deutschen Mutter sprach, heulten die Sirenen. Wie immer gingen wir in Zweierreihen in den Luftschutzkeller. Wir waren es ja schon gewöhnt und daher auch nicht aufgeregter als sonst. Wir saßen im Keller und unterhielten uns leise. Völlig unerwartet vernahmen wir das Dröhnen von Flugzeugen, wie wir es bisher nur aus den Nachtangriffen kannten. Ich schaute ängstlich unsere Lehrerin an, die beruhigend auf uns einredete. „Das ist gleich vorbei, macht euch keine Gedanken, dieser Keller ist ganz sicher." Plötzlich hörten wir die Detonationen der Bomben ganz in unserer Nähe. Das Dröhnen der Flugzeuge wurde immer lauter. Dazwischen knatterten die Geschütze der Flak, die versuchten die Flugzeuge abzuschießen. Immer wieder hörten wir Bombeneinschläge. Alle Kinder schrieen, kauerten sich zusammen und fingen an zu weinen. So etwas hatten wir alle tagsüber noch nicht erlebt. Ich hatte fürchterliche

Angst. Ein Mädchen klammerte sich an mich und auch ihr liefen die Tränen übers Gesicht. Immer wieder versuchte unsere Lehrerin uns zu beruhigen, aber wir konnten an ihrer aufgeregten Stimme spüren, dass auch sie Angst hatte. Endlich, mir kam die Zeit endlos lange vor, gab es Entwarnung und wir durften wieder in unsere Klassenzimmer gehen. Als wir ins Treppenhaus kamen, liefen uns schreiende Kinder und aufgeregte Lehrerinnen entgegen. Alle waren von Angst erfüllt. In einem Keller hatte es Einschläge gegeben. Trotzdem schaffte es unsere Lehrerin, mit uns geordnet ins Klassenzimmer zu gehen. „Das war für uns alle ein ganz schlimmes Erlebnis, aber nun ist es zu Ende. Ihr räumt jetzt eure Hefte und Stifte ein und geht zügig nach Haus. Denkt daran, eure Eltern machen sich Sorgen, also geht sofort nach Hause." Was sonst nie vorgekommen ist, heute bekamen wir keine Hausaufgaben auf.

Ich rannte ganz schnell über die Zeil und durch den Großen Wollgraben. Hier waren alle Häuser unbeschädigt, aber ab und zu hörte ich noch kleinere Detonationen. Helmut winkte mir schon aus dem Fenster entgegen. Bis ich ans Haus kam, hatte er mir schon die Tür aufgemacht. „Das war heute schlimmer als alles, war wir bisher erlebt haben, das ganze Haus hat vibriert. Wir konnten die Einschläge bis in den Gewölbekeller hören." Er sprach ganz aufgeregt und ich war vom schnellen Laufen völlig außer Atem. „Helmut, ich hatte solche Angst, hoffentlich gibt es nicht noch einmal so einen Angriff." „Komm erst mal hoch in die Wohnung, wir machen uns das Essen warm. Mach dir keine Sorgen, Mama und Papa ist sicher nichts passiert." Helmut nahm mich an die Hand. Gemeinsam gingen wir die Treppe hoch. Im zweiten Stock kam uns Frau Stock entgegen. „Liselotte, ist bei dir alles in Ordnung, ist in der Schule etwas kaputt gegangen, hast du einen Bombeneinschlag auf dem Weg gesehen?" Auch sie war ganz aufgeregt. „Nein, auf dem Weg war alles wie immer, aber in der Schule haben viele Kinder geweint. Eine Lehrerin hat gesagt, es wären in einem anderen Luftschutzkeller Teile von der Decke gefallen und hätten einige Kinder leicht verletzt." Mama kam etwas früher als sonst nach Hause und war heilfroh, dass uns nichts passiert war. Sie und ihre Kolleginnen hatten sich beim Angriff unter ihre Arbeitstische gesetzt. Als wir alle beim Abendessen saßen, erzählte ich Mama und Papa von der Schule. „Wir sind alle gleich nach der Entwarnung nach Hause geschickt worden, ohne Hausaufgaben. Unsere Lehrerin hatte Angst, dass es noch einen Angriff geben könnte." Papa machte ein ernstes Gesicht. „Das war nun schon der zweite Tagesangriff. Aber heute Nacht kommen die nicht wieder zurück. Auf Kinder, jetzt ab ins warme Bett." Nach diesem Angriff hatte ich das allererste Mal Angst, wir könnten einen Angriff nicht überleben.

Kinderlandverschickung

Eine Woche nach diesem Fliegerangriff ging ich wie immer zur Schule. Nach der Begrüßung las Fräulein Müller uns ein Schreiben vor. Darin stand, dass alle Kinder mit ihren Lehrern aufs Land evakuiert würden, denn nach dem schweren Angriff vom 29. Januar 1944 sei es zu gefährlich für uns Schüler. Alle freuten sich. Die meisten hatten schon davon gehört, dass es auf dem Land viel ruhiger war als hier in Frankfurt und dass die Lehrer nach dem Unterricht mit ihren Schülern Ausflüge machten. Außerdem wusste jeder, dass es auf dem Land viel mehr zu essen gab als hier in der Stadt. Die Lehrerin schrieb gerade den Termin an die Tafel, wann sich alle mit Gepäck für mehrere Tage am Hauptbahnhof einfinden sollten, als die Schulsekretärin ins Zimmer kam. Nachdem sie ganz leise mit unserer Lehrerin gesprochen hatte, sagte Fräulein Müller: „Schreibt alles ab, ich bin gleich wieder da." Nachdem sie aus dem Klassenzimmer gegangen war, spürte ich, wie in mir die Angst hochstieg. Werde ich wieder ausgeschlossen? Darf ich wieder nicht mit, so wie ich nicht zum BdM durfte? Ich konnte schon letztes Jahr nicht auf die Realschule, obwohl meine Leistungen gut waren, denn *Mischlinge ersten Grades* hatten kein Recht auf weiterführende Bildung. Damals hatte ich mich damit getröstet, dass Helmut überhaupt nicht mehr in die Schule gehen durfte, aber jetzt traf es mich schon wieder. Ich kämpfte mit den Tränen und je länger die Lehrerin aus der Klasse war, desto sicherer wurde ich, sie war wegen mir weg. Ich schrieb den Termin nicht in mein Heft, ich durfte sowieso nicht mitfahren.

Als Fräulein Müller zurückkam, sagte sie leise zu mir: „Du kannst es dir schon denken, der Direktor möchte dich sprechen." Schweren Herzens ging ich aus dem Klassenzimmer. Als ich in das große halbrunde Zimmer des Schulleiters trat, konnte ich meine Tränen nicht mehr zurückhalten. Ich war so enttäuscht, ich konnte kein Wort sagen. Direktor Luh stand von seinem Schreibtisch auf und kam zu mir. „Liselotte, es tut mir sehr leid, aber du darfst nicht mit aufs Land. Du weißt, dass du eine jüdische Mutter hast. Du bist *Mischling ersten Grades* und das Gesetz schreibt vor, dass diese Kinder von der Kinderlandverschickung ausgeschlossen werden. Auch wenn ich wollte, ich kann dich nicht mitnehmen, es ist für mich und alle anderen Kinder viel zu gefährlich." Ich habe nur mit dem Kopf genickt, was hätte ich auch sagen sollen. Zum Abschied versammelten sich alle Kinder auf dem Schulhof, die Fahne wurde noch einmal hochgezogen und das Deutschlandlied gesungen. Für mich war mit diesem Tag, nach knapp fünf Jahren, meine Schulzeit ohne Zeugnis, ohne Abschluss zu Ende.

Seit dem schweren Angriff im Januar gab es immer wieder Tagesangriffe, die nicht unmittelbar in unserem Stadtbezirk niedergingen, aber mit jedem Angriff stieg die Angst, wann sind wir dran? Papa hatte schon vor einiger Zeit mit Herrn Degenhardt einen Schrank für Mamas Aussteuerwäsche und ein paar

Kleidungsstücke in den Keller gebracht. Seit wir erlebt hatten, wie Degenhardts von einer zur anderen Stunde mit Nichts dastanden, hoffte Mama, die Sachen wären im Keller sicherer. Auch die übrigen Hausbewohner hatten Kisten und Koffer in den tiefen Gewölbekeller gestellt, der uns allen sehr sicher erschien. Helmut und ich waren nun jeden Tag allein zu Hause. Wenn die Sirenen losheulten, gingen wir wie selbstverständlich mit unserem bereitstehenden Köfferchen in den Keller.

Frankfurt bebt
Samstag, 18. März 1944

Wir hatten unser spärliches Abendbrot gegessen. Helmut und ich lagen schon im Bett und Mama und Papa waren in der Küche. Morgen früh würde ich, wie jeden Sonntag seit meiner Erstkommunionfeier vor zwei Jahren, in den Dom zur Messe gehen. Ich ging gerne in die Kirche, denn dort fühlte ich mich geborgen, ich hörte der Orgel zu und genoss die Ruhe und Stille im mächtigen Dom. Mitten in meine Gedanken hinein heulten die Sirenen. Helmut war sofort wach. „Auf, wir müssen in den Keller, das ist Hauptalarm." Wir zogen schnell unsere Schuhe und Mäntel an, schnappten unsere Sachen und gingen in den Keller. Helmut und ich kannten uns inzwischen gut im Rothschildhaus aus. Manchmal streifen wir tagsüber durch den geheimnisvollen Keller. Es waren zwei Gewölbekeller, woran man erkennen konnte, dass es früher zwei Häuser waren. Um in unseren Luftschutzkeller zu kommen, mussten wir im Keller zuerst durch einen langen schmalen Gang bis an die Rückseite des Hauses gehen. Helmut und ich waren wie immer die ersten, nach und nach kamen die anderen Hausbewohner. Jeder setzte sich auf seinen Stuhl. Hier im Rothschildhaus mussten sich die Bewohner selbst um den Luftschutzkeller kümmern, hier kam nicht wie bei Familie Neubauer ein Luftschutzwart und kontrollierte, ob genügend Sitzgelegenheiten da waren oder Eimer mit Wasser und Sand bereitstanden. Papa hatte schon vor einiger Zeit dafür gesorgt, dass an den Notdurchbrüchen Spitzhacken für den Ernstfall standen. Auch heute blieb er so lange vor dem Haus stehen, bis er sehen konnte, wo die ersten Flugzeuge ihre Leuchtraketen gesetzt hatten, um den Bezirk zu markieren, auf den die nachfolgenden Bomber ihre zerstörerische Fracht abwerfen sollten. Als er mit sehr ernstem Gesicht in den Keller kam, stellte er sich sofort hinter uns an die Wand. Mama saß wie immer in der Mitte, Helmut links und ich rechts von ihr. Papa legte beruhigend seine Hand auf unsere Schultern und lächelte mich an, dennoch beunruhigte mich sein Blick. Im gleichen Augenblick hörten wir die Flak schießen und dann das bedrohliche Brummen der Flugzeuge. Es wurde lauter und lauter, es steigerte sich zu einem ohrenbetäubenden Lärm. Mein Herz schlug rasend, so etwas hatten wir noch nicht erlebt. Das Bombengeschwader musste riesig sein und genau über uns fliegen. Ich hielt mir die Ohren zu, das Dröhnen war nicht zu ertragen. Dann schlugen die ersten Bomben ein. Das Rothschildhaus und der tiefe Gewölbekeller bebten, und sofort ging das Licht aus. Herr Degenhardt hatte gerade ein Bunkerlicht angezündet, als durch die nächste Detonation der Putz von der Decke fiel und es wieder auslöschte. In immer kürzeren Abständen schlugen jetzt die Bomben ein, es gab keine Pause mehr dazwischen. Am ganzen Körper spürte ich, wie das mächtige Haus geschüttelt wurde, der Fußboden bebte und schwankte. Im stockdunklen Keller fing jemand an, in einer fremden Sprache zu beten, eine Frau weinte. Ich konnte nichts sehen und klammerte mich mit aller Kraft an Mamas Arm. Hinter mir spürte ich, wie Papa sich ganz tief über uns drei bückte und wie seine große, feste Hand meine Schulter immer fester drückte. Seine Hand gab mir in dieser angsterfüllten Situation das Gefühl von Geborgenheit. Auch ich betete leise: „Lieber Gott, mach, dass wir alle hier diesen Angriff überleben." Dann wurde es leiser, die

Flugzeuge hatten offensichtlich abgedreht. Während Herr Degenhardt versuchte, die Bunkerlichtchen wieder anzuzünden, hörten wir die Flugzeuge zurückkommen. Die nächste Angriffswelle war noch stärker, die Bomben fielen in so kurzen Abständen, dass man die einzelnen Einschläge nicht mehr unterscheiden konnte. In unvorstellbarer Lautstärke hörten wir die endlosen Explosionen der Bomben. Das ganze Gebäude, der Keller und der Fußboden bebten so sehr, dass wir uns nicht mehr auf den Stühlen halten konnten. Papa versuchte mit aller Kraft, uns festzuhalten und beugte sich noch tiefer über uns, so als wollte er ein Dach über seine Familie breiten. Ich zitterte am ganzen Körper und schrie und weinte hemmungslos. Mama versuchte mich zu beruhigen, aber ich konnte keines ihrer Worte verstehen. Endlich, mir erschien es wie eine Ewigkeit, wurde es wieder leiser. Das leiser werdende Dröhnen der Flugzeuge verriet uns, dass sie abdrehten. Ich flehte Papa an „Ich will hier raus. Ich habe solche Angst, ich will raus aus dem dunklen Keller, ich kriege keine Luft, es hat doch aufgehört." Papa nahm mich fest in den Arm: „Wir können jetzt nicht hier raus, beruhige dich, bald ist es zu Ende." Ich starrte ihn an, was meinte er damit, den Angriff oder unser Leben? Wenn wir alle hier unten sterben müssen, sind wir wenigstens zusammen. Plötzlich hörten wir Menschen schreien und während das Dröhnen der Flugzeuge wieder zurückkam, wurde der Notdurchbruch vom Nachbarhaus durchgeschlagen. Immer lauter drangen die Hilferufe durch die Wand. Als die Steine nachgaben, stürmten verzweifelt schreiende und weinende Menschen in unseren stockfinsteren Keller. Gleichzeitig detonierten Bomben in unmittelbarer Nähe und wir konnten hören, wie im Nachbarhaus Wände oder Decken zusammenbrachen. Nun wurde auch der Durchbruch vom anderen Nachbarhaus eingeschlagen und noch mehr Menschen drängten sich in unseren Keller. Die Luft war voller Brandgeruch und Staub, wir konnten fast nicht mehr atmen. Als ein Streichholz aufflackerte, konnte ich sehen, dass der Keller voller Menschen war. „Wir müssen hier raus! Kommt, haltet euch an mir fest und bleibt dicht hinter mir.“ Papa schrie, damit wir ihn verstehen konnten. Er nahm Helmut an die Hand und versuchte durch die Menschenmenge zu kommen. Ich war vor lauter Panik wie gelähmt, aber Mama hatte meine Hand in der ganzen Zeit nicht losgelassen und schob mich nun vor sich her. Ich konnte nichts sehen und bekam kaum Luft. Plötzlich spürte ich Papa und Helmut dicht neben mir und klammerte mich an Helmut. Zielsicher führte uns Papa zu einem weiteren Notdurchbruch hinter einem langen Gang. Er schlug mit dem Pickel die Steine ein. Im gleichen Moment drang ein winziger Lichtstrahl durch die Lücke. Beim nächsten Schlag fiel die Wand zusammen. Wir standen vor einer steilen Holztreppe, die in einen beleuchteten, öffentlichen Luftschutzkeller führte. Ohne lang zu überlegen riss Papa Helmut den Judenstern vom Mantel und steckte ihn in seine Hosentasche. In diesem Luftschutzkeller waren sogar noch Plätze frei und Papa führte uns drei in eine Ecke. „Bleibt hier sitzen bis ich wieder komme, rührt euch nicht von der Stelle.“ Er ging zurück durch den Durchbruch und holte die anderen Menschen in diesen Luftschutzkeller. Es waren sicher mehr als fünfzig Personen, die von den Nachbarhäusern ins Rothschildhaus geflohen waren. Nun versuchten alle durch den Durchbruch in diesen Keller zu kommen. Als eine Frau mit einem großen Rucksack auf dem Rücken versuchte durch das Loch zu steigen, verlor sie das Gleichgewicht und purzelte wie ein Ball die Holztreppe herunter. Sie stand gleich wieder auf und hatte sich nicht wehgetan. Ich schaute Helmut an, und wir beide mussten trotz unserer entsetzlichen Lage schmunzeln. Erst als alle in Sicherheit waren, setzte sich Papa erschöpft zu uns. Viele bedankten sich bei ihm, denn sie wussten, dass er ihnen das Leben gerettet hatte. Der Luftschutzwart und einige Männer stopften mit nassen Säcken das Loch in der Wand zu, damit kein Rauch oder Feuer aus dem Rothschildhaus eindringen konnte. Mit großen Schritten schritt er durch den Raum und zischte die Neuankömmlinge an: „Gebt

Ruhe, hier in meinem Keller herrscht Ordnung. Setzt euch auf die Bänke oder auf den Boden bis ich sage, dass ihr rausgehen könnt.“ Zum Glück hatte Papa Helmut den Stern abgerissen, sonst hätte er diese Nacht nicht überlebt. In diesem öffentlichen Luftschutzkeller hätten sie ihn gelyncht, denn die Propaganda machte die Juden für alles verantwortlich, auch für die Fliegerangriffe.

Wir saßen völlig zermürbt in unserer Ecke. Ich klammerte mich an Mama, die auch völlig erschöpft war, und legte meine Hand auf ihren Bauch. „Ob das Baby auch schon etwas mitbekommen hat?“ „Mach dir nicht so viel Gedanken, dem Baby geht es gut, und auch wir kommen hier alle gesund raus. Versuch dich zu beruhigen, wer weiß was uns draußen erwartet.“ Ich wollte mich gerade an Mama kuscheln, da schrie der Luftschutzwart mit seiner durchdringenden Stimme: „Der Angriff ist vorbei, alle raus aus dem Keller.“ Papa hielt uns zurück „Wir gehen als letzte, dann ist das Gedränge nicht so groß.“ Wie wird es draußen aussehen? Ob das Rothschildhaus noch steht? Ich konnte es kaum glauben nach diesem heftigen Bombenhagel, der über uns niedergegangen war. Endlich kamen wir an die Kellertreppe. Papa ging mit den beiden Koffern voraus, Mama hatte eine große Tasche, Helmut seinen Rucksack auf dem Rücken und ich mein kleines Pappköfferchen. Im Hausflur stockte es und ich sah, wie Männer in Uniformen die Menschen vor uns antrieben: „Alle hoch ins Haus, es sind nur ein paar Wände eingestürzt, das Haus hält, ihr könnt nicht raus, die ganze Stadt brennt lichterloh. Schneller gehen, die anderen wollen auch in Sicherheit.“ Im Hausflur lag der Schutt so hoch, dass sich die Erwachsenen ducken mussten. Durch die Öffnung, wo vorher die Haustüre war, konnte man auf die Straße sehen. Feuer! Nichts als Feuer! Ich war fassungslos, so stellte ich mir die Hölle vor. Die riesigen Flammen schlugen meterhoch. Alles, was in ihre Nähe kam, verbrannte in Sekundenschnelle. Während ich in das gleißende Licht starrte, hörte ich wie Papa die Männer mit energischer

Stimme anschrie: „Ich gehe mit meiner Familie nicht da hoch, das Haus bricht doch über uns zusammen, wir gehen hier raus." Er stieß den Uniformierten, der uns den Weg nach draußen versperren wollte, zur Seite. „Auf Kinder, ihr haltet euch an den Koffern fest und du gehst vor mir." Er schob Mama vor sich und ging mit uns auf die Straße. Sofort schlugen uns unglaubliche Hitze, Rauch und Feuer entgegen. Wie ein Orkan tobte die Feuersbrunst durch die Straßen. Alle Häuser standen in Flammen. Wir versuchten in die Mitte der Straße zu kommen, aber es war eigentlich keine Straße mehr zu sehen. Brennende Balken schlugen neben uns nieder, Dächer und ganze Häuser stürzten ein. Papa schrie immer nur „Weiter, weiter, bleibt nicht stehen." Der Feuersturm peitschte mit ohrenbetäubendem Lärm durch die Straße, wir konnten Papas Worte nicht mehr hören, nur ahnen. Wo will Papa denn mit uns hin, wo sind wir, ich hatte völlig die Orientierung verloren. Irgendwann blieb er stehen, und wir konnten verschnaufen. Ich schaute mich um. Jetzt wusste ich wieder, wo wir waren. Durch den dichten Qualm und Rauch sah ich das Haus der Spielwarenhandlung Hirschvogel, es brannte lichterloh.

Wie oft haben wir hier Klicker gekauft, noch während ich daran denke, stürzt das Dach ein und schlägt donnernd auf die Straße. Papa nimmt die Koffer wieder in die Hände und wir laufen weiter. Wir kommen nur langsam vorwärts, denn überall zerbersten Fensterscheiben, fallen Balken auf die Straße und stürzen ganze Häuser ein. Ich klammere mich am Koffer fest, der Sturm peitscht uns ins Gesicht und ich habe Angst, er könnte mich von Papa fortreißen. Wären wir nur in dem Haus geblieben, dann müssten wir nicht durch diese Hölle laufen. Hier kommen wir im ganzen Leben nicht mehr raus. Wir laufen in die Breite Gasse und biegen am Ende links in die Zeil ab. Es ist wie ein Wunder, ich kann es nicht fassen, wir schauen uns ungläubig an. Stille! Kein Feuer, kein Sturm, keine zerstörten Häuser, keine rennenden, schreienden

Menschen. Wir stehen mitten auf der Straße und schauen uns um. Ruhe! Frieden! Es ist wie im Paradies.

Papa konnte als Erster wieder sprechen. „Für den Moment haben wir es geschafft." Wir standen vor der geschlossenen Bäckerei Weidenweber. Es kam mir vor, als wäre ich vor einer Ewigkeit hier gewesen. „Bleibt hier, ich suche uns einen Unterschlupf für die Nacht." Papa ging auf die andere Straßenseite und fand eine offene Haustür. Den Rest dieser schrecklichen Nacht verbrachten wir in diesem Hausflur. Irgendwann musste ich vor lauter Erschöpfung eingeschlafen sein, denn als mich Mama weckte, war es schon hell. „Wo sind wir, gehen wir jetzt wieder nach Hause?" Papa gab mir keine Antwort. Er nahm mich in den Arm. „Wir gehen jetzt zu meinem Kollegen, der hier ganz in der Nähe wohnt, und dann sehen wir weiter." „Warum gehen wir nicht zurück ins Rothschildhaus?" Immer noch todmüde lief ich neben Papa her, er antwortete mir nicht. Hier auf dem östlichen Teil der Zeil konnte man keine großen Schäden erkennen, aber hier war es auch ruhig gewesen, als wir gestern aus dieser brennenden Hölle kamen. Wir gingen schweigend weiter. Hoffentlich ist der Kollege da und lässt uns in seine Wohnung. Zaghaft klingelte Papa, wir hören Schritte hinter der Tür und ein großer Mann öffnet. „Fritz, was ist denn mit euch passiert? Seid ihr... na kommt erst einmal rein, dann sehen wir weiter." Vorsichtig traten wir in die fremde Wohnung. „Sicher wollt ihr zuerst einmal auf die Toilette und euch waschen. Gegessen habt ihr bestimmt noch nichts." Er schaute uns verwundert an und deutet auf die Badezimmertür. Aus der Küche kam seine Frau, sie blieb wortlos stehen. Wir hatten die beiden vorher nie besucht und ich spürte sofort, dass sie nicht damit einverstanden war, dass ihr Mann uns vier hereingelassen hatte. Mama schickte zuerst Helmut und mich ins Bad. Als wir beide in den Spiegel sahen, mussten wir lachen. Wir sahen aus wie die Schornsteinfeger, das hatten wir bisher noch gar nicht bemerkt. In der Küche stand für uns schon Malzkaffee und Brot auf dem Tisch. „Esst nur, wir haben schon gefrühstückt." Während wir hungrig ein Stück Brot aßen und den warmen Kaffee genossen, sagte der Mann zu Papa: „Aber Fritz, du musst verstehen, dass wir euch nicht aufnehmen können. Im zweiten Stock wohnt ein großer Nazi, wenn der erfährt, dass ich Juden verstecke, dann bringt der mich ins KZ. Es tut mir wirklich leid." Mir wurde ganz schlecht bei seinen Worten, und ich konnte mein Brot fast nicht mehr runterschlucken. Sind wir denn schlechter als alle anderen Menschen? Wir hatten noch gar nicht gefragt, ob wir hier bleiben könnten, und schon wirft er uns hinaus. Aber dann tat mir der Mann schon wieder leid, er hatte einfach Angst um sein Leben. Papa nickte nur. „Ich kann dich verstehen. Können wir wenigstens die Koffer bei euch lassen, bis wir wissen, wohin wir gehen können?" Ich hatte immer noch die Hoffnung, dass wir nach Hause zurück könnten, wenigstens ein Teil des Hauses musste doch noch stehen. Mama kramte in ihrer Tasche. „Ich kann unseren Wohnungsschlüssel nicht finden, Fritz hast du ihn?" Papa schüttelte wieder den Kopf. „Hör auf zu suchen, den wirst du nicht mehr brauchen."

Wir überquerten die Zeil und bogen in den Großen Wollgraben ein. Meine ganze Hoffnung war mit einem Blick weg. Vor uns lag ein unüberschaubares Trümmerfeld, überall brannten noch kleinere Feuer oder stieg Rauch aus den riesigen Trümmerbergen. Wir konnten weder die Straße noch die ehemaligen Häuser erkennen. Stumm vor Schrecken gingen wir zwischen den Trümmern weiter, bis wir schließlich vor dem Rothschildhaus standen. Das schöne, ehrwürdige Gebäude war nicht mehr da. Vor uns lagen ein rauchender Berg Steine, verkohlte Balken und Schutt. Ich konnte meine Tränen nicht zurückhalten und auch Mama weinte laut. Von dem vierstöckigen Haus standen nur noch zwei steinerne Haustürpfosten, alles andere war vernichtet worden. Um uns herum liefen Menschen, die immer wieder die Namen ihrer Angehörigen riefen, es war ein Bild des Grauens. Plötzlich stieg Papa auf das zusammengebrochene Haus. „Fritz, komm da runter, was machst du denn?“ Aber Papa war schon in dem Trümmerberg verschwunden, kam aber sofort wieder heraus. „Ich wollte nach unserem Schrank im Keller sehen, aber da unten ist noch so eine Hitze, da ist nichts übrig geblieben.“ Er nahm Mama in den Arm, die immer noch weinte. „Mein schönes Schlafzimmer, die ganze Aussteuer, alles wofür wir jahrelang schwer gearbeitet haben ist weg, einfach verbrannt. Was sollen wir nur machen?“ Sie konnte sich gar nicht beruhigen, ich fühlte mich völlig hilflos. Nur ein Jahr hatten wir hier gewohnt und nun war alles, was wir besaßen, in einer Nacht vernichtet worden. Wir hatten nichts mehr, nicht einmal mehr ein Dach über dem Kopf, und bald sollte das Baby kommen.

Papa fing sich als erster. „Schaut euch diese Zerstörung an, so etwas habe ich noch nie erlebt, nicht einmal im Ersten Weltkrieg. Es steht ja so gut wie kein Haus mehr, man kann fast bis zum Main sehen, heute Nacht muss es viele Tote gegeben haben. Kommt, irgendwo werden wir eine Unterkunft finden. Die Hauptsache ist doch, wir sind noch am Leben.“ Aber wo sollten wir hin, wer nimmt uns vier auf? „Wir gehen zu Frau Block nach Sachsenhausen, sie ist ebenfalls Jüdin und arbeitet mit mir bei der Druckerei Osterrieth, die wird uns sicher helfen.“ Mama hatte sich wieder gefangen. Sie nahm uns Kinder an die Hand, und gemeinsam bahnten wir uns einen Weg zwischen den Trümmern Richtung Main. Wie oft war ich im letzten Jahr diesen Weg zur Bäckerei Neubauer oder in die Hans-Thoma-Straße gegangen. Jetzt standen hier keine Häuser mehr, keine Straße war mehr zu erkennen, nur noch Trümmer und verkohlte Balken, die wie Fratzen aussahen. Wir kamen am Haus der Familie Neubauer vorbei, auch das war nur noch ein Trümmerhaufen. Mir liefen die Tränen übers Gesicht, als ich das sah, man konnte nicht einmal mehr das Schaufenster erkennen, nichts, nur rauchende Trümmer. Das Dominikaner-

Rechts die ehemaligen Häuser
Großer Wollgraben 22, 24, 26 – Rothschildhaus

kloster, mein Kindergarten, die Altstadt, alles zerstört. Vom Dom ragte nur noch der beschädigte Turm aus einem Meer von Schutt und Asche. Überall liefen Menschen, genau wie wir, hilflos umher. Einige scharrten mit den bloßen Händen in den Schuttbergen, andere saßen weinend da. Sprachlos gingen wir weiter bis zum Main und über den Eisernen Steg nach Sachsenhausen. Hier waren ebenfalls viele Häuser zerstört. Hoffentlich steht das Haus überhaupt noch, in dem Frau Block wohnt. Je näher wir kamen, desto gedrückter wurde unsere Stimmung. Würde Frau Block uns aufnehmen? Wir hatten Familie Degenhardt auch aufgenommen, aber das waren nur zwei Erwachsene gewesen und nicht eine vierköpfige Familie mit einem Sternträger und einer schwangeren Jüdin. Als sich die Wohnungstür öffnete und wir Frau Block sahen, waren alle Zweifel verschwunden. Sie und ihr Mann nahmen uns herzlich auf und kümmerten sich rührend um uns. Papa ging sofort zurück zu seinem Kollegen und holte unsere beiden Koffer, denn das war alles, was uns geblieben war. Die nächsten beiden Nächte konnten wir ruhig schlafen. Am darauf folgenden Tag ging Papa zu seinem Chef, um ihm von unserer Notlage zu berichten.

Als er zurückkam, hatte er einen Schlüsselbund in der Hand und strahlte über das ganze Gesicht. Er hielt ihn in die Luft. Helmut und ich versuchten ihn zu erhaschen, aber Papa gab ihn Mama. „Das sind die Schlüssel für unsere neue Wohnung!“ Wir standen sprachlos da. Ich fühlte mich plötzlich wieder lebendig, eine neue Wohnung, ein neues Zuhause. Vielleicht können wir nun endlich aufs Land, wo keine Bomben fallen, wo wir nicht die ganze Nacht in Todesangst im Keller sitzen müssen. „Woher hast du den Schlüssel?“ Mama riss mich aus meinen Träumen. „Von unserem Prokuristen, Herrn Baum. Wir können in seine Wohnung in die Heimatsiedlung ziehen, sie ist komplett eingerichtet und wir dürfen alles benutzen. Er hat zu mir gesagt, fühlt euch wie in eurem eigenen Zuhause.“ Wir kannten Herrn Baum, er wusste, dass Mama und Helmut Juden sind und Helmut wieder bei uns wohnte. Seit letztem Jahr, als die Angriffe auf Frankfurt immer schlimmer wurden und seine Frau zu Verwandten aufs Land gezogen war, hatte Mama seine Hemden gebügelt. Er hatte nicht nur für das Bügeln bezahlt, sondern Papa auch ab und zu Lebensmittel für uns mitgegeben. In diesem Moment bewunderte ich ihn für seinen Mut, unserer Familie seine Wohnung zu überlassen. Wir waren überglücklich. Mama lächelte wieder. Helmut hatte schon den ersten Koffer geholt, auch wenn er viel zu schwer für ihn war. „Nicht so schnell, wir schauen uns die Wohnung erst einmal an, dann holen wir unsere Sachen.“ Voller Vorfreude machten wir uns auf den Weg in die Heimatsiedlung. Ich war noch nie in dieser Gegend von Sachsenhausen gewesen. Alle Straßen waren nach Bäumen benannt, und zwischen den Häusern wuchsen die entsprechenden Bäume. Helmut und ich freuten uns so sehr, dass wir schon wieder Späße machten. „Baum, das ist doch der richtige Name, um hier zu wohnen.“ Wir hüpften vor unseren Eltern durch Straßen, in denen nur vereinzelt ein Haus beschädigt war. Für Helmut war es seit fast einem Jahr der erste Spaziergang und seit Jahren das erst Mal, dass er ohne Stern auf die Straße ging. Keiner von uns erwähnte es, wir fühlten uns irgendwie befreit, fast wie im Frieden. Der Weg zog sich. Als wir endlich in der Straße „Unter den Buchen“ ankamen, konnte Mama vor lauter Aufregung die Wohnungstür nicht öffnen. Papa nahm ihr vorsichtig den Schlüssel aus der Hand. „Lass mich mal ran, du bist viel zu nervös.“ Er öffnete die Tür, und wir traten ehrfurchtsvoll in die schöne, elegant eingerichtete Wohnung. Mama ging zuerst in die Küche: „Hier ist wirklich alles, was man sich denken kann, und das Wohnzimmer, Kinder schaut nur, Polstersessel und ein Wintergarten.“ Wir beide liefen hinter ihr her, so etwas hatten wir noch nicht gesehen. Vom Wintergarten aus schaute man direkt ins Grüne. Was für ein Unterschied zur tristen, grauen Wand, auf die wir von unserem Küchenfenster im Rothschildhaus gesehen hatten. Helmut und ich setzten uns sofort auf die Sessel: „Hier bleiben wir, das ist ja wie im Märchen!“ Mama öffnete vorsichtig die Schlafzimmertür, die Betten waren frisch bezogen, helle Gardinen hingen an den Fenstern, es war wie in einem Traum. Wir waren begeistert von dieser wunderbaren Wohnung. So viel Glück konnten wir alle nicht fassen. Aber Papa bremste uns. „Heute Nacht schlafen wir noch einmal bei Familie Block in der Stegstraße, und morgen ziehen wir in diese Wohnung. Als wir zurückkamen, hatte Frau Block einen großen Topf Gemüsesuppe gekocht. Seit Tagen hatten wir nicht genug zu essen bekommen und aßen uns endlich wieder einmal richtig satt. Sie und ihr Mann freuten sich sehr für uns und Herr Block meinte: „Man darf den Glauben an das Gute im Menschen nicht aufgeben, es gibt immer noch Menschen wie Herrn Baum, die anderen aus ihrer Not helfen.“

Die Altstadt stirbt

Mit dem Gedanken an die schöne neue Wohnung schlief ich ein. „Auf Kinder, es ist Voralarm, wir müssen in den Keller!“ Mama stand neben meinem Bett. „Nein! Ich will nicht mehr. Ich gehe nicht schon wieder in den Keller." Weinend klammerte ich mich an meine Zudecke. Zu schrecklich war noch die Erinnerung an den letzten Angriff vor vier Tagen. Nur mit viel sanfter Gewalt gelang es meiner Mutter, mich aus dem Bett zu holen. Widerwillig folgte ich ihr die Treppe hinunter. Alle übrigen Hausbewohner rannten mit uns in den Luftschutzkeller. Nach dem schweren

links: Blick vom Dom Richtung Osten
oben: Frankfurt nach den schweren Luftangriffen im März 1944
unten: Blick vom Dom Richtung Römerberg
nächste Seite: Trümmerfeld zwischen Dom und Römerberg

Angriff hatten alle Bewohner Angst um ihr Leben. Sobald wir im Keller waren, schlugen bereits die ersten Bomben in der Nähe ein. Ich hatte panische Angst, denn in diesem kleinen Keller waren das Dröhnen der Flugzeuge und die Explosionen der Bomben noch viel stärker zu hören als im Rothschildhaus. Ich bekam keine Luft in dem stickigen, dunklen, verschlossenen Raum. Immer lauter

und heftiger krachte es über unseren Köpfen. „Lasst mich raus, ich will raus, ich bekomme keine Luft!“ Vor lauter Verzweiflung schluchzte ich immer mehr, und weder Mama noch Papa konnten mich beruhigen. Ich war vor lauter Angst wie von Sinnen. Nach mehr als einer Stunde, die mir wie eine Ewigkeit vorkam, hörte der Angriff endlich auf. Ich zitterte noch am ganzen Körper, als Papa mich in die Wohnung trug. „Warum müssen wir das alles erleiden? Warum durfte ich nicht mit den anderen Kindern aufs Land in Sicherheit?“ Schluchzend stammelte ich vor mich hin, bis ich irgendwann vor lauter Erschöpfung in Mamas Armen einschlief.

Am nächsten Morgen erzählte uns Papa, der in dieser Nacht mit anderen Männern den Dachboden des Nachbarhauses gelöscht hatte, dass sie von dort oben sehen konnten, dass Frankfurt wieder ein einziges Flammenmeer war. „Ich bin sicher, dass alles, was den 18. März überstanden hat, heute Nacht zerstört wurde. Dort drüben kann kein Haus mehr ganz sein. Das Feuer war noch gewaltiger, ich glaube, die Frankfurter Innenstadt ist komplett abgebrannt. Wir hatten ganz großes Glück, dass wir hier auf der Sachsenhäuser Seite waren, sonst wären wir nicht mehr am Leben.“ Er drückte Herrn Block fest die Hand und dieser nickte nur stumm mit dem Kopf. Später verabschiedeten wir uns, nahmen unsere Koffer und Taschen und gingen Richtung Heimatsiedlung. Aber auch auf dieser Mainseite kamen wir nur sehr langsam voran. Überall waren Häuser beschädigt oder Straßen wegen Blindgängern abgesperrt. Als wir endlich in der Straße „Unter den Buchen“ ankamen, trauten wir unseren Augen nicht. Das Haus war zur Hälfte eingestürzt. Überall standen weinende Menschen. Ein Mann erzählte uns, dass es im Keller Tote gegeben hätte, die Druckwelle der Bombe habe das Haus und die Menschen zerrissen. Wir waren erschüttert. Was, wenn wir gestern hier geblieben wären? Wortlos schnappte Papa unsere Koffer. Mama nahm Helmut und mich an die Hand und wir gingen den ganzen Weg wieder zurück. Je näher wir der Stegstraße kamen, desto mehr stieg in mir wieder die Angst der letzten Nacht hoch. Ich lief zu Papa. „Ich gehe nie mehr in diesen Keller, ich will nie mehr solche Angst haben wie gestern. Lieber sterbe ich, als noch einmal in dieses dunkle Loch zu gehen. Wenn es wieder einen Angriff gibt, bleibe ich in der Wohnung!“ Er schaute mich ernst an. „Lass uns später darüber reden, wir finden eine Lösung.“ Familie Block nahm uns sofort wieder auf, auch wenn es sehr eng war mit sechs Personen in der Dreizimmerwohnung. Papa ging noch einmal weg, er wollte sich in der Stadt umsehen. Als er nach einer Weile wiederkam, hatte er für uns eine Bescheinigung für Ausgebombte besorgt, und zwar für vier Personen. „Helmut, du trägst ab jetzt keinen Stern mehr! In diesem Chaos fällt das keinem auf. Mit dieser Bescheinigung dürfen wir alle in den öffentlichen Bunker und bekommen belegte Brote und mittags ein warmes Essen. Ich habe mit Herrn Block gesprochen, unsere Koffer können wir hier stehen lassen. Wenn es wieder Alarm gibt, gehen wir in den Bunker in der Schifferstraße. Liselotte, dort sind wir sicher.“ Mir fiel ein Stein vom Herzen. Ich hatte es doch gewusst, auf Papa konnte ich mich verlassen.

Zwei Tage später gab es wieder Alarm und wir gingen sofort zum Bunker. Zum allerersten Mal sah ich einen Bunker von innen und das nach fünf Jahren Krieg. Ich hatte immer geglaubt, ein Bunker bestehe nur aus einem großen Raum. Aber es war wie in einem richtigen Haus, nur ohne Fenster, viele kleinere Räume in mehreren Etagen. Papa ging mit uns in einen Raum im dritten Stock. Er vermutete, dass in den unteren Räumen mehr kontrolliert würde, und wir wollten nicht auffallen. An den hell gestrichenen Wänden und in der Mitte standen Holzbänke und an der Decke brannte eine große Lampe. „Hier musst du nun keine Angst mehr haben. Alle Bunker haben ein eigenes Stromaggregat, hier geht das Licht nicht aus.“ Papa setzte sich zu mir. Ganz ruhig und gelassen kamen immer mehr Leute, sie suchten sich einen Platz und einige legten sich sogar auf die Bänke und schliefen. Als es nach einer halben Stunde Entwarnung gab, gingen die Leute wieder nach Hause. Nur wir nicht. Wir blieben im Bunker und legten uns auf die harten Holzbänke zum Schlafen. Es war nicht erlaubt, im Bunker zu bleiben, aber wo hätten wir hingehen sollen, noch länger wollten wir Familie Block nicht belästigen. Am nächsten Morgen kam Papa mit belegten Broten, die er an der Ausgabestelle am Affentorplatz bekommen hatte. Ich konnte es kaum glauben, die Brote waren mit Butter bestrichen und mit Wurst oder Käse belegt. Ich hatte den Geschmack von Butter schon fast vergessen. Wann ich das letzte Mal eine Scheibe Wurst bekommen hatte, wusste ich nicht mehr. Jetzt wurden wir behandelt wie alle anderen, die alles verloren hatten. Was, wenn irgendjemand herausbekommt, dass Mama und Helmut Juden sind? Ich wollte nicht darüber nachdenken, was dann mit uns geschehen würde.

Essensausgabe für Ausgebombte

Auch das Metalllager der Firma Nagel war bei den Angriffen schwer beschädigt worden, und so blieb Papa bei uns, denn an Arbeiten war nicht zu denken. Wir lebten die nächsten Tage im

Bunker. Zum Glück wurde auch tagsüber das Licht nicht ausgeschaltet, denn sonst hätten wir im Stockdunkeln gesessen. Das hätte ich nicht überstanden. Mama und wir Kinder gingen immer mal wieder an die frische Luft, aber weit vom Bunker entfernten wir uns nicht. Zu groß war unsere Angst, kontrolliert zu werden. An der Garküche am Affentorplatz gab es mittags eine warme Suppe. Papa hatte einen Topf besorgt und eilte sich immer, damit die Suppe noch warm bei uns ankam. Da wir nur einen Löffel hatten, durften wir Kinder zuerst essen. Helmut und ich wechselten uns immer nach fünf Löffeln ab und gaben dann den Löffel unseren Eltern. Satt wurden wir nicht. Helmut und ich hatten uns ein Zeichen ausgemacht, wann wir aufhörten, damit Mama und Papa auch noch etwas zu essen bekamen. Nach ein paar Tagen sagte Mama: „Ich gehe heute mit der Liselotte mal ein Stück durch die Stadt, mir tut vom vielen Sitzen schon alles weh, ich muss mich bewegen." Ich war froh, denn meine Angst in geschlossenen Räumen war nach wie vor sehr groß. Wir liefen über den Eisernen Steg nach Frankfurt. Jetzt konnten wir das ganze Ausmaß der grauenvollen Angriffe sehen. Vor uns lag ein endloses Trümmerfeld. Männer versuchten zwischen den Schuttbergen Platz zu schaffen, damit man überhaupt gehen konnte. Selbst mit einem kleinen Handwagen wäre man nicht vorangekommen. Es war gespenstig zwischen den verkohlten Balken und rußgeschwärzten Ruinen. Ich konnte nicht einmal mehr erkennen, wo vorher die Gassen der Altstadt waren. Die Paulskirche, der Römer, zerstört. Überall ragten nur noch Trümmer aus einem riesigen Meer von Steinen und verkohlten Balken. Wie oft war ich durch diese Straßen und Plätze gelaufen, nun war alles verwüstet. Wir liefen immer weiter, bis wir endlich am Bahnhof ankamen. Auch hier nichts als Ruinen. Mama legte eine kurze Pause ein, denn ihr fiel das Laufen immer schwerer. „Lass uns mal einen Moment verschnaufen. Komm, setz dich zu mir, gleich gehen wir weiter." Ich setzte mich zu ihr auf einen Steinhaufen und schaute mich um. Ich hätte weinen können, als ich die Überreste des Schumann-Theaters sah, in das mich Frau Fischer einmal mitgenommen hatte. Das wunderschöne Gebäude war nicht mehr zu erkennen. Der Bahnhof, der ganze Platz, alles zerstört. Wo will Mama eigentlich hin? Wir gehen doch nicht so weit, nur um uns etwas zu bewegen? Als wir zum Güterplatz kamen, war mir alles klar. Wir gehen zu Papas Schrottplatz, zur Firma Nagel. Was will Mama dort, warum hatte sie Papa nichts davon erzählt, dass wir hierher gehen? Herr Nagel begrüßte uns erstaunt. Mama wartete nicht lange mit ihrer Bitte: „Herr Nagel, mein Mann hat Ihnen ja schon erzählt, dass wir ausgebombt wurden und zur Zeit im Bunker leben. Bitte, geben Sie meinem Mann einige Wochen frei. Wir würden gerne zu seinen Verwandten in den Schwarzwald fahren, wenigstens bis zur Geburt des Babys." Ich war begeistert, als ich diesen Vorschlag von Mama hörte. Endlich raus aus der Stadt, raus aus diesem Chaos. Wie alle anderen aufs Land gehen, keine Bombenangriffe. Davon träumte ich seit dem ersten schweren Angriff im Januar, als meine Mitschülerinnen die Stadt verlassen durften. Aber die Worte von Herrn Nagel machten meinen Traum sofort zunichte. „Liebe Frau Wessinger, ich kann Ihrem Mann höchstens zwei, drei Wochen frei geben. Dann brauche ich ihn wieder hier. Wenn der ganze Zauber vorbei ist, werde ich mit Ihrem Mann mein Geschäft neu aufbauen. Noch nie hatte ich einen so guten, zuverlässigen Arbeiter wie ihn." Ich war trotz meiner Enttäuschung sehr stolz auf Papa. Mama dankte Herrn Nagel für die drei Wochen, die er Papa beurlaubt hatte. Auf dem Heimweg machte ich mir große Sorgen, denn ich wusste, dass es Juden strengstens verboten war, ihren Wohnsitz zu verlassen. Das hatte ich oft genug bei Gesprächen im Hermesweg gehört. Als wir in den Bunker zurückkamen, erzählte Mama, was sie mit Herrn Nagel besprochen hatte. Papa war damit einverstanden in den Schwarzwald zu fahren, denn hier im Bunker konnten wir nicht länger bleiben. Irgendwann hätte uns der Luftschutzwart hinausgeworfen.

Raus aus Frankfurt

Am nächsten Tag fuhren wir mit dem Zug nach Pforzheim. Unsere Koffer durften wir bei Familie Block stehen lassen. Papa wollte mit uns nach Ottenhausen im Schwarzwald fahren. Seine Tante, bei der er aufgewachsen war, lebte zwar nicht mehr, aber ihre Tochter wohnte noch dort. Während der Fahrt saßen wir schweigend im Abteil, jeder hatte Angst, eine Kontrolle könnte kommen und nach den Ausweispapieren fragen. Ich schaute aus dem Fenster und genoss dennoch die Fahrt. Plötzlich erinnerte ich mich ganz dunkel daran, dass ich schon einmal mit dem Zug gefahren war. Ich war damals noch ganz klein, als Mama mit Helmut und mir vom Südbahnhof aus zu ihrem Vater fuhr. In einer winzigen Stube saß mein Großvater in einem Lehnstuhl und schaute mich böse an. Vor Angst hatte ich mich hinter Mama versteckt. Jahre später erzählte mir meine Mutter, dass Großvater sie gebeten hatte, ihn mit ihren Kindern zu besuchen. Kurz nach unserem Besuch war er gestorben. Vermutlich wollte er sich mit seiner Tochter aussöhnen, die er verstoßen hatte, weil sie einen Nichtjuden geheiratet hatte.

Papas Cousine empfing uns nicht gerade freundlich. Sie wohnte mit ihrem Sohn, der nicht viel älter war als Helmut, alleine in einem alten Häuschen direkt an der Friedhofsmauer. Ich hatte mich schon so auf ein weiches Bett oder ein gemütliches Sofa gefreut, aber hier im Schwarzwald war alles anders. Wir hatten selbst im Rothschildhaus das Badezimmer und die Toilette in der Wohnung, hier gab es nur ein kleines Holzhäuschen im Garten. „Das ist ein Plumpsklo, das heißt so, weil es immer Plumps macht." Papa lachte laut, als ich ihn erstaunt ansah. Ich fand das gar nicht lustig, so etwas hatte ich in meinem ganzen Leben noch nicht gesehen. Als es Zeit zum Schlafen wurde, kam Johanna mit einem großen Bündel Stroh in die Stube, warf es auf den Boden und legte eine Decke darüber. „Ein, zwei Tage könnt ihr hier bei uns schlafen, aber länger nicht. Ich leg noch etwas Holz in den Ofen, dann bleibt die Stube warm." Ich konnte es nicht fassen. Jetzt musste Mama, hochschwanger, auf dem Fußboden im Stroh schlafen. Ich dachte sofort an Maria und Josef und an das Jesuskind, das im Stall geboren wurde und auch im Stroh lag. Hoffentlich kommt unser Baby noch nicht so bald. Als wir das Brummen von Flugzeugen hörten, liefen wir sofort vors Haus. Johanna beruhigte uns. „Das geht jede Nacht so, die fliegen immer weiter, hier bei uns ist noch nie eine Bombe gefallen. Ihr könnt ruhig weiterschlafen." Am nächsten Morgen machten wir uns auf den Weg zu Papas Cousine Berta. Papa hatte die Hoffnung, dass wir bei ihr und ihrem Mann wohnen könnten, denn sie hatten ein großes Haus. Sie schimpfte sofort auf ihre Nichte, als wir ihr sagten, dass diese uns nur ein Lager auf dem Fußboden angeboten hatte, aber auch sie war nicht bereit, unsere Familie aufzunehmen, obwohl sie ein komplett eingerichtetes Haus hatte. Sie bot uns etwas Malzkaffee und ein Stück Brot an. Während wir am Tisch saßen, bewunderte sie meinen Regenschirm, den ich fest in der Hand hielt. Nach dem letzten Angriff hatte es in Frankfurt für Ausgebombte Regenschirme ohne Bezugsscheine gegeben. Für mich war der Schirm wie ein kleines Dach, ein winziges Zuhause. „Hast du einen schönen Schirm, mach ihn doch einmal auf." Mir gefiel der Ton, in dem sie sprach, überhaupt nicht. Nur widerwillig öffnete ich den Regenschirm. „Der ist ja besonders schön, so einen habe ich mir immer schon gewünscht." Sie nahm mir den Schirm aus der Hand, drehte ihn über ihrem Kopf und faltete ihn zu. Sie hielt ihn immer noch in der Hand, als wir uns von ihr verabschieden wollten. Mama fragte sie: „Willst du ihn behalten?" Diese Frau, die im Gegensatz zu uns alles hatte, sagte sofort: „Ja!" und nahm mir meinen Schirm ab. Ich konnte meine Tränen nur so lange zurückhalten, bis wir vor der Haustüre standen, dann weinte ich bitterlich. Das einzige Dach, das wir hatten, nahm uns diese Frau einfach weg. Ich war außer mir, in meinem jungen Leben stieg erstmals Wut in mir hoch. Papa versuchte mich zu trösten: „Sei nicht traurig, wir haben alles verloren, da kommt es doch auf einen Schirm nicht mehr an. Er wird ihr sicher kein Glück bringen." Bis heute kann ich das herzlose Verhalten dieser Frau nicht begreifen.

Nach zwei weiteren Nächten auf unserem Strohlager verabschiedeten wir uns von der Cousine und fuhren mit dem Zug in das Nachbardorf Birkenfeld. Papas Mutter stammte von hier und ihr Bruder wohnte noch immer dort. Papa hatte ihn als kleiner Bub ab und zu besucht. Er hatte ihn als Erwachsenen nur noch einmal nach dem Tod seiner Mutter gesehen. Als wir an der Tür klopften, hatte ich Angst, dass wir auch hier nicht erwünscht sein könnten. Aber als der Onkel meinen Vater sah, begrüßte er ihn und uns alle herzlich. Er wohnte mit seinen Kindern und Enkelkindern in einem schönen Haus. Für alle war es selbstverständlich, uns aufzunehmen. Ich spüre heute noch die herzliche Atmosphäre, die von diesen Verwandten ausging. In diesem Haus fühlte ich mich wie im Paradies. Es gab für alle genug zu essen. Helmut und ich bekamen ein herrlich weiches Bett. Die Bettdecke schwebte wie eine dicke Wolke über uns. Wir fühlten uns hier rundherum wohl. Endlich konnten wir alle wieder einmal lachen. Mama schaute uns ganz glücklich zu, wenn wir durch den großen Garten liefen und Fangen spielten. Krieg war hier zu dieser Zeit noch ein Fremdwort. Am Ostersamstag bauten die Kinder im Garten kleine Nestchen für den Osterhasen. Helmut und ich standen mit großen Augen dabei. „Wollt ihr beiden denn nichts vom Osterhasen haben? Aber der bringt euch nur etwas, wenn ihr ihm ein Nest baut." Der Onkel schmunzelte. Wir hatten schon jahrelang nichts mehr vom Osterhasen bekommen, weder Schokolade noch sonst irgendetwas. Sofort suchten Helmut und ich Moos und kleine Stöckchen und bauten jeder ein Nestchen. Am Abend durften wir dann alle nacheinander in einer großen Zinkwanne in wunderbar warmem

Wasser mit einem großen Stück Seife, das richtig schäumte und herrlich nach Lavendel duftete, baden. Richtige Seife gab es in Frankfurt schon lange nicht mehr. Auf Zuteilungsschein gab es nur noch Lehmseife, die entsetzlich roch und wie Schlamm kratzte. Oder Schwimmseife – die war zwar etwas besser, aber so winzig und dünn, dass sie sich nach einmal Waschen bereits aufgelöst hatte. Das ganze Jahr im Rothschildhaus hatten wir nicht einmal gebadet, weil kein Brennmaterial da war. Immer konnten wir uns nur in einer kleinen Schüssel waschen. Nach diesem herrlichen Badevergnügen packte uns Mama in weiche Frotteehandtücher und wir bekamen frische Unterwäsche, die Freunde gebracht hatten. Es war unsagbar schön.

Am Ostersonntag, es war der 9. April 1944, läuteten schon ganz früh am Morgen die Glocken. Es war sicher nur ein kleines Glöckchen, denn alle großen Glocken mussten im Krieg abgegeben werden, um aus dem Metall Kanonen zu gießen, aber in meinen Ohren klang es wie das Geläut des Frankfurter Doms. Gleich nach dem Aufstehen liefen wir Kinder in den Garten und wirklich, in jedem Nestchen lag ein kleiner Hase aus Kuchenteig und bunte Zuckereierchen. Es war ein wunderbares Osterfest. Mittags saßen wir alle im Wohnzimmer an einem großen, festlich gedeckten Tisch. Es gab Fleisch, Kartoffeln und Gemüse, ich konnte es kaum glauben. Hier wollte ich bleiben, hier gab es keinen Fliegeralarm, keine Bomben, nur Frieden und liebe Menschen. Tief im Innern wusste ich aber, irgendwann ist unsere Zeit hier vorbei, für immer können wir hier nicht bleiben. Bis dahin wollte ich diese schöne Frühlingszeit genießen. Überall fingen die Blumen an zu blühen, die Luft war frisch und die Sonne wärmte schon ein wenig. Nach den Osterfeiertagen fuhren wir mit unseren Verwandten ins nahe Pforzheim zum Einkaufen. Helmut und ich bekamen etwas zum Anziehen und Mama kaufte schon ein paar Kleinigkeiten für das Baby. Als ich schon fast aus dem Laden war, fragte mich ein Mann:

„Wo kommt ihr denn her, euren Dialekt habe ich noch nie gehört?" „Wir sind aus Frankfurt, dort sind wir ausgebombt worden und hier besuchen wir unsere Verwandten." „Was muss man denn machen, wenn die Bomben fallen, habt ihr euch auf den Boden gelegt?" Ich schaute ihn ungläubig an, was sollte ich ihm antworten, wie sollte ich ihm erklären, wie schrecklich ein Bombenangriff ist? „Wissen Sie, eigentlich hilft nur beten." Schnell lief ich hinter den anderen her, ich hatte Angst, er würde mich noch mehr fragen. Nach dem Abendessen sagte Mama: „Morgen früh fahren wir heim." Ich konnte es nicht glauben, so schnell müssen wir wieder zurück, und was heißt heim? Frankfurt liegt in Schutt und Asche, da haben wir kein Zuhause mehr. Alles, was wir besitzen, sind die zwei Koffer bei der Familie Block in der Stegstraße. Vielleicht steht das Haus jetzt auch schon nicht mehr. Alle flüchten aus Frankfurt aufs Land, und wir fahren jetzt wieder in diese Stadt, in diesen Bunker, in dem wir eigentlich nicht bleiben dürfen. Oder in ein Haus, dass dann von den Bomben zerstört wird. Vielleicht müssen wir alle sterben. Ich will nicht zurück, ich will hier bleiben! An Mamas Blick sehe ich, es hat keinen Zweck zu fragen, ob ich hier bleiben darf. Das allerwichtigste ist, dass wir zusammen bleiben. Papa hat sich auch nicht beirren lassen, als die SS-Leute ihn immer wieder bedrängten, sich von Mama scheiden zu lassen. Schweren Herzens verabschiedeten wir uns, zwei Wochen Frieden gaben uns Hoffnung auf ein besseres Leben nach dem Krieg. Irgendwann musste dieser entsetzliche Krieg ja vorbei sein.

Auf der Heimfahrt kam die Angst zurück. Würden wir am Bahnhof kontrolliert werden und was, wenn Mama ihren Ausweis zeigen müsste, in dem ein großes J stand? Helmut trug keinen Stern, was würden sie mit ihm machen? Ich wurde immer nervöser. Aber wir hatten Glück, weder im Zug noch am Bahnhof kam ein Kontrolleur. Dann standen wir wieder im Hauptbahnhof. Was für ein Unterschied! Jetzt wurde uns das ganze Ausmaß der

Verwüstung noch mehr bewusst. Schweigend liefen wir nach Sachsenhausen zu Familie Block, die uns ganz herzlich begrüßte. In der Zwischenzeit hatte es zwar immer wieder Fliegeralarm gegeben und sie mussten in den Keller flüchten, aber keinen weiteren Angriff. Trotzdem gingen wir am Abend wieder in den Schifferbunker und übernachteten dort. Am nächsten Tag lies Papa sich in einer alten Villa am Main neue Lebensmittelkarten für Ausgebombte ausstellen. Als der Mann ihn fragte, für wie viele Personen, sagte er wieder, ohne zu zögern, für zwei Erwachsene und zwei Kinder. Von diesem Tag an bekamen wir normale Zuteilungen. Ich dachte, jetzt weiß niemand mehr, dass Mama und Helmut Juden sind, jetzt werden wir behandelt wie alle anderen auch.

Papa arbeitete sofort nach unserer Rückkehr wieder bei der Schrotthandlung Nagel. Mama musste nicht mehr arbeiten, denn die Fabrik Osterrieth war bei den Angriffen zerstört worden. Familie Block hatte uns angeboten, auch wieder bei ihnen zu übernachten. Ich hatte aber solche Panik, wieder einen Angriff in diesem engen, dunklen Keller zu erleben, dass wir jeden Abend in den Bunker gingen. So pendelten wir fast eine Woche lang zwischen dem Bunker in der Schifferstraße und der Wohnung von Familie Block hin und her. Mama und ich gingen jeden Tag in die Stadt um zu sehen, welche Zuteilungen es für Ausgebombte gab. Wir hatten schon Decken und zwei Töpfe gekauft. Heute wollten wir nach Kleidung Ausschau halten. Zwischen den Trümmern waren jetzt Wege geschaufelt worden, damit die Menschen wenigstens laufen konnten. Als wir Richtung Konstablerwache an der Stelle vorbeikamen, wo noch vor wenigen Wochen das Rothschildhaus stand, schauten wir uns nur betroffen an. Trotz der Angst und der Armut hatten wir hier ein neues Zuhause gefunden. Nun besaßen wir nichts mehr. Wir liefen schweigend weiter. Plötzlich kam uns Frau Rentschler, die mit uns im Haus der Bäckerei Neubauer gewohnt hatte, entgegen. „Frau Wessinger, wie geht es Ihnen? Ich habe schon oft an Sie gedacht. Liselotte, du bist groß geworden." Etwas zögerlich sprach sie weiter. „Haben Sie alle die Angriffe überstanden?" Mama nickte nur. „Ich habe von Frau Neubauer gehört, dass Ihr Mann den Helmut aus dem Kinderheim rausgeholt hat und er bei Ihnen im Rothschildhaus wohnen durfte. Wo sind Sie denn jetzt untergekommen?" „Wir sind tagsüber bei einer Familie in Sachsenhausen und nachts schlafen wir im Bunker." „In ihrem Zustand können Sie doch nicht in einem Bunker auf den harten Bänken schlafen." Sie schaute auf Mamas Bauch. „Kommen Sie zu uns. Mein Mann und ich wohnen in der IG Farben-Siedlung in einer großen Wohnung. Eine Bekannte hat sie uns zur Verfügung gestellt, wir haben viel Platz. Bitte, lassen Sie sich helfen und kommen Sie morgen mit der ganzen Familie, mein Mann und ich würden uns freuen. Das restliche Haus ist unbewohnt, Sie müssen keine Angst haben." Sie schrieb uns die Adresse auf einen kleinen Zettel und verabschiedete sich. Mama schaute mich an. „Wir wollen uns nicht zu früh freuen, aber vielleicht haben wir dieses Mal Glück." Es wäre wundervoll, nicht mehr im Bunker schlafen zu müssen.

Hilfsbereitschaft

Am nächsten Tag haben wir uns gleich morgens auf den Weg in die Duisbergstraße gemacht. Es war ein weiter Weg, vorbei am Eschenheimer Turm, der fast unbeschädigt wie ein Mahnmal aus den zerstörten Häusern ragte. Wie oft sind Helmut und ich vor dem Krieg hierher gelaufen und haben uns die Neun in der Wetterfahne angesehen. Der Sage nach soll der Wilddieb Hans Winkelsee sie hineingeschossen haben, um durch diesen Kunstschuss sein Leben zu retten. Wie hat sich unser Leben seit damals verändert, was haben wir alles ertragen müssen. Je weiter wir auf der Eschersheimer Landstraße stadtauswärts gingen, desto geringer wurde die Zerstörung. Endlich kamen wir an die Miquelallee und konnten schon auf der anderen Seite die Häuser der Duisbergstraße sehen. Es war wie in einer anderen Stadt, hier hatte offenbar keine einzige Bombe eingeschlagen. Kein Haus war zerstört. Diese Wohnsiedlung war für die Führungskräfte der IG Farben gebaut worden. Zwischen den Häusern lagen große Rasenflächen mit Bäumen, die jetzt im Frühling in frischem Grün leuchteten, es war wunderschön. Wir gingen in den 4. Stock. Papa klingelte an der Tür von Frau Schmidtbauer, der die Wohnung gehörte. Genau wie alle übrigen Bewohner des Hauses war sie vor den großen Angriffen aufs Land geflohen. Sie hatte ihre Wohnung Familie Rentschler überlassen, als diese am 18. März obdachlos wurde. Herr Rentschler arbeitete wie mein Vater in einem kriegswichtigen Betrieb und durfte aus diesem Grund nicht aus Frankfurt fortgehen. Seine Frau wollte ihn hier nicht allein zurücklassen. Die Tür öffnete sich und Herr Rentschler begrüßte uns sehr freundlich: „Kommen sie alle herein, meine Frau hat mir schon erzählt, dass sie keine Unterkunft haben. Hier ist genug Platz. Wir haben schon das große Zimmer hergerichtet." Bei Neubauers hatte ich oft mit den beiden Töchtern Hannelore und Ursula gespielt, die nun bei Verwandten auf dem Land in Sicherheit waren. Oft hatten wir drei Herrn Rentschler zugehört, wenn er sonntags Gitarre spielte und dazu sang. In diesem Augenblick erinnerte ich mich spontan wieder daran, am besten hatte mir das Lied gefallen:

Mutter, unterm Dach ist ein Nestchen gebaut,
schau, schau, schau, ja schau!
Dort hat der Dompfaff ein Pärchen getraut,
trau, trau, trau, ja trau!
Da sieh´nur, wie glücklich die beiden sind.
Sie fliegen hin und her,
sie fliegen kreuz und quer.
Ach Mutter, ach wär´ ich ein Schwalbenkind,
wie schön, wie schön das wär´, das wär´!

Beide Rentschlers waren ehrenamtlich in der Heilsarmee tätig und schon früher immer sehr hilfsbereit zu uns. Wie alle anderen Bekannten hatten sie aber nicht den Mut gefunden, uns im Rothschildhaus zu besuchen. Trotzdem nahmen sie uns nun hier in ihrer Wohnung auf, obwohl sie wussten, dass Helmut und Mama Juden waren. Wir fühlten uns sofort wohl bei ihnen. Mama blieb gleich dort, denn der weite Weg war für sie sehr anstrengend gewesen. Papa, Helmut und ich sind noch einmal zurück nach Sachsenhausen und holten unsere Koffer. In einem Vorgarten pflückte ich heimlich ein paar Blumen für Frau Block, als Dank dafür, dass sie immer so lieb zu uns war. Als wir endlich wieder mit unserem Gepäck in der Duisbergstraße ankamen, war es schon fast dunkel. Inzwischen hatten Herr und Frau Rentschler zwei große Betten in das Zimmer gestellt. Da wir den weiten Weg von Sachsenhausen hierher heute schon dreimal gelaufen waren, fielen wir todmüde ins Bett. In den nächsten Wochen erlebten wir eine ruhige Zeit und konnten uns von den schrecklichen Erlebnissen etwas erholen. Immer wieder gab es Fliegeralarm. Wir saßen oft stundenlang nachts im Luftschutzkeller, aber hier in diesem großen Haus hatte ich nie mehr solche Panik.

Ein Sonntagskind
Sonntag, 4. Juni 1944

Es war noch sehr früh, als mich Mama weckte. Ich war noch ganz verschlafen, denn in der vergangenen Nacht hatten wir wieder viele Stunden im Keller verbracht. „Liselotte, wach auf, es geht los, das Baby kommt.“ Sofort sprang ich aus dem Bett und lief zu Frau Rentschler. Schon vor einiger Zeit hatte sie den Schlüssel für eine Wohnung im zweiten Stock besorgt, damit Mama das Baby dort zur Welt bringen könnte. Denn sollte es während der Geburt Alarm geben, wäre es unmöglich, sie vom vierten Stock in den Keller zu bringen. Frau Rentschler hatte gerade ihre Freundin Gerda und Frau Schmidtbauer zu Besuch. Alle drei halfen nun Mama die Treppe hinunter. Frau Schmidtbauer wusste, dass Mama Jüdin war und kein Krankenhaus sie aufnehmen würde. Sie telefonierte mit Dr. Goldschmidt, und überredete ihn, zur Entbindung zu kommen. Mama war schon 46 Jahre alt und keiner wusste, wie die Geburt verlaufen würde. Eigentlich war es ihm nicht erlaubt, außerhalb von Behandlungsräumen zu praktizieren. Frau Schmidtbauer war eine resolute Person. Da sie mit ihrem eigenen Auto nach Frankfurt gekommen war, holte sie Dr. Goldschmidt und seine Krankenschwester Ruth einfach ab. Ohne ihre Hilfe hätte Mama das Kind ohne Arzt und Hebamme zur Welt bringen müssen. Dann ging alles ganz schnell. Alle Erwachsenen waren bei Mama im Zimmer, nur ich wartete ganz allein in der Küche. Immer wieder kam eine der Frauen in die Küche, holte Wasser oder irgendwelche Tücher und verschwand wieder. Ich konnte Mama bis in die Küche stöhnen hören, sie tat mir so leid, dass ich anfing zu weinen. Und dann hörte ich den ersten Schrei des Babys, erst ganz zaghaft, aber dann laut und kräftig. Ich weinte jetzt vor Freude. Endlich kamen die Frauen in die Küche. Frau Rentschler drückte mich ganz fest und Schwester Ruth legte mir das Baby in den Arm. „Du hast eine süße kleine Schwester bekommen, sie ist ein Sonntagskind. Das ist etwas ganz Besonderes, wie soll sie denn heißen?“ „Heidi! Ich möchte, dass sie Heidi heißt, so wie meine erste Puppe“. Alle lachten. „Das ist aber schon eine ganz schön kräftige Puppe, ich schätze, die Kleine wiegt fast 4 kg.“ Schwester Ruth hatte zum Glück Babysachen mitgebracht, denn außer den zwei Hemdchen, die wir in Pforzheim kaufen konnten, lagen nur einige Stoffstücke als Windeln bereit. Mama hatte, mit Tränen in den Augen, dafür ein Betttuch ihrer Aussteuerwäsche zerrissen, das wir durch alle Angriffe im Koffer mitgeschleppt hatten. Schwester Ruth ging mit mir zu Mama ins Zimmer, und ich habe sie ganz fest gedrückt. Ich war glücklich, dass Mama alles gut überstanden hatte. Keinem war aufgefallen, dass Helmut in die Wohnung gekommen war. Ganz verschlafen stand er in der Küche. „Helmut, das Baby ist da, es ist ein Mädchen, groß und gesund und wir werden es Heidi nennen." Ich strahlte meinen Bruder an, aber der fing sofort an zu weinen. „Heute ist mein 13. Geburtstag, warum muss sie denn ausgerechnet heute auf die Welt kommen?" Alle lachten und Helmut hatte sich gleich wieder beruhigt: „Dann feiern wir eben immer zusammen." Papa musste seit einiger Zeit auch sonntags arbeiten und kam erst am Nachmittag nach Hause, da lag die Kleine schon friedlich schlafend bei Mama im Bett. Auch er war sehr froh, dass Mama in ihrem Alter alles gut überstanden hatte und die Kleine gesund war. Kurz bevor ich an diesem aufregenden Abend einschlief, hörte ich ihn noch seufzen. Sicher machte er sich Gedanken, wie wir die Kleine ernähren sollten. Das bisschen Essen reichte nicht einmal für uns vier, und Mama war so dünn geworden. Ob sie das Baby überhaupt stillen könnte, war fraglich. Bisher hatten wir so viel überstanden, irgendwie werden wir auch das wieder schaffen.

Am nächsten Tag bin ich gleich zum Lebensmittelladen an der Ecke gelaufen und habe Herrn Pallentin von unserem Baby erzählt. Alle Lebensmittel wurden immer knapper, besonders Milch. Es gab nicht einmal mehr die Menge, die jedem laut Lebensmittelkarte zugestanden hätte. Mama konnte, wie wir schon befürchtet hatten, das Baby nicht stillen. Sie war einfach zu schwach dazu. Herr Pallentin sagte sofort: „Mach dir keine Sorgen, Milch kann ich euch immer besorgen, wir kriegen die Kleine schon durch." Er hatte uns von Anfang an, wie vorher Frau Neubauer, auch mit Brot versorgt.

Hoffnungsschimmer

Zu jeder Wohnung im Haus gehörte ein Dienstmädchen-Zimmer. Jetzt standen fast alle Räume und die dazugehörige Küche leer. Mama wollte einfach in zwei Zimmer einziehen, aber Papa hielt sie zurück. „Meine russischen Fremdarbeiter, die jede Nacht heimlich die englischen Nachrichten hören, haben mir heute erzählt, dass am 6. Juni die Engländer und Amerikaner in der Normandie mit tausenden von Soldaten gelandet sind. Ich bin davon überzeugt, dass der Krieg bald vorbei ist. Wir dürfen jetzt keinen Fehler mehr machen. Ich gehe zu Frau Rentschler, sie kann sich erkundigen, ob wir dort einziehen können. Das muss alles seine Ordnung haben, sonst holen die uns noch kurz vor dem Ende ab." Nach zwei Tagen war alles geklärt und wir konnten umziehen. Wir bekamen die Küche und ein Zimmer zugeteilt. In die Stube stellten Papa und Herr Rentschler die Betten, einen Tisch und zwei Stühle, wo wir unsere Kleider ablegen konnten. Einen Kleiderschrank hatten wir nicht, aber wozu hätten wir auch einen Schrank gebraucht? Wir besaßen nur noch ganz wenige Kleidungsstücke. Die meiste Zeit legten wir uns angezogen ins Bett, damit wir bei Alarm sofort in den Keller rennen konnten. Helmut und ich teilten uns ein Bett. Mama und Papa hatten noch die Kleine bei sich im Ehebett, denn an ein eigenes Bettchen war nicht zu denken.

Eine Woche später ging ich zum Pfarrer der katholischen Kirche am Dornbusch und bat ihn, meine kleine Schwester zu taufen. Ich war noch vom Rothschildhaus aus jeden Sonntag zum Gottesdienst in den Dom gegangen, und es war mir wichtig, dass die Kleine getauft wurde. Im Kommunionunterricht hatte ich gelernt, dass man nur in den Himmel kommt, wenn man getauft war. Immer noch hatte ich Angst, wir würden den Krieg nicht überleben, und dann sollten wir wenigstens im Himmel alle zusammen sein. Papa musste arbeiten. Mama und Helmut wollten nicht mit in die Kirche gehen, aber Frau Rentschler und ihre Freundin Gerda. Für mich stand fest, meine Schwester bekommt den Namen Heidi, wie meine Lieblingspuppe. Wie alles, was wir einst besaßen, lag sie unter den Trümmern des Rotschildhauses. Auf dem Weg zur

Kirche nahm Frau Rentschler die Kleine auf dem Arm. „Liselotte, sicher hast du nichts dagegen, wenn deine kleine Schwester den Namen meiner Freundin Gerda bekommt. Sie war doch auch bei der Geburt dabei und würde sich sehr darüber freuen." Wieder einmal traute ich mich nicht zu widersprechen. Innerlich ärgerte ich mich sehr, aber sagen konnte ich in diesem Moment nichts. Als der Pfarrer uns dann fragte, auf welchen Namen die Kleine getauft werden soll, antwortete Frau Rentschler: „Gerda." Er schaute mich an. „Du bist die Schwester, bist du damit einverstanden?" Da verflogen alle meine Ängste. „Und mit zweitem Namen Heidi!" „Dann können wir ihr auch noch meinen Namen, Elli dazugeben." Frau Rentschler lächelte mich an. So taufte der Pfarrer meine Schwester auf die Namen: Gerda, Heidi, Elli. Bis heute nennen alle sie Gerdi, wenigstens das i von meinem Wunschnamen ist geblieben.

Einige Zeit später kam uns Frau Degenhardt besuchen. Wir freuten uns sehr, dass auch sie und ihr Mann die schweren Angriffe überlebt hatten. Sie hatte bei der jüdischen Gemeinde nach unserer Adresse gefragt und wollte sehen, ob es Mama und dem Baby gut ging. Auch sie waren bei Bekannten untergekommen und hofften wie wir, dass der Krieg bald vorbei war. Dann könnten sie endlich zu ihren Kindern nach Amerika auswandern.

Nachdem wir nun eigene Räume nutzten, mussten wir 50 Reichsmark Miete an die IG Farben zahlen. Das war für uns kein Problem, denn Papa verdiente genug Geld. Viel schlimmer war, dass wir das Geld direkt im IG Farben-Haus abgeben mussten. Mama traute sich nicht, zu einer Behörde zu gehen, und Helmut, der eigentlich nur mit Judenstern das Haus verlassen durfte, konnte auf keinen Fall gehen. Also ging ich schweren Herzens einmal im Monat dorthin. Als ich das erste Mal vor diesem kolossalen Gebäude stand, kam ich mir ganz winzig vor. Meine Angst steigerte sich, je näher ich darauf zuging. Überall Männer in Uniformen, dazwischen große schwarze Autos, die bis vor die große Eingangstür fuhren. Dort schlug ein Uniformierter die Stiefel zusammen und öffnete die hintere Tür eines Wagens, aus dem zwei große Männer in braunen Uniformen ausstiegen. Ganz vorsichtig ging ich die Auffahrt hoch.

Zum Glück stand die große Eingangstür offen. Ich schlich in die mindestens zwei Stockwerke hohe Halle. An der rechten Wand führte eine geschwungene Treppe in die oberen Stockwerke, und darunter stand eine lange Theke. Die Mitte der Halle wurde von einer gewaltigen Hitlerbüste beherrscht. Mir schlug das Herz bis zum Hals, ich konnte fast nicht atmen. Der ganze Raum war erfüllt vom Klang der Lederstiefel auf dem Marmorfußboden, meine Ohren dröhnten. Hoffentlich fragt mich hier niemand, warum ich nicht auf dem Land bin. Was sollte ich dann sagen? Die Wahrheit, dass ich als *Geltungsjude* nicht aus dieser Hölle durfte? Dann

IG Farben-Haus, Eingangshalle

würden sie mich gleich verhaften. Mein Mund war so trocken, ich brachte kein Wort heraus. Schweigend legte ich das Mietbuch, in das Mama die 50 Reichsmark gelegt hatte, auf die Theke. Der Mann dahinter schaute nur kurz hoch: „Was willst du?" „Ich möchte bitte die Miete für Wessinger, Duisbergstraße 3, bezahlen" brachte ich leise heraus. Ich hatte mir diesen Satz schon den ganzen Weg in Gedanken zurechtgelegt. Er machte das Buch auf, nahm den Schein heraus, setzte seine Unterschrift neben den Betrag und schob mir das kleine Heftchen zurück. „Ist in Ordnung." Wortlos nahm ich es wieder, murmelte ein leises „Dankeschön" und ging schnell zum Ausgang. Erst, als ich das Grundstück verlassen hatte, fiel eine zentnerschwere Last von mir und ich rannte so schnell ich konnte zur Duisbergstraße zurück.

Mama hatte in der ganzen Zeit, in der wir in der IG Siedlung wohnten, das Haus nie verlassen. Einmal in der Woche ging ich allein in die Stadt zum Einkaufen. Immer hatte ich den Berechtigungsschein für Ausgebombte und Geld bei mir, denn wenn es etwas zu kaufen gab, musste man schnell zugreifen, sonst war es weg. Ich genoss diese Tage sehr, so konnte ich wenigstens ab und zu unter Menschen gehen. Sie waren die einzige Abwechslung, die ich hatte. Schon auf der Eschersheimer Landstraße schaute ich, ob etwas zu bekommen war. Heute hatte ich kein Glück und ging weiter Richtung Kleinmarkthalle, denn hier gab es eine weitere Ausgabestelle. Als ich beim Fahrradgeschäft Thöt vorbeikam, stand ein Schild „Einheitskinderwagen eingetroffen" im Schaufenster. Voller Erwartung ging ich in den provisorisch wieder hergerichteten Laden. Da stand wirklich ein Kinderwagen. Er war aus weißer, gepresster Pappe, hatte vier ganz kleine Räder und sogar eine dünne Matratze. Schnell legte ich meinen Berechtigungsschein vor. Der Verkäufer trug auf der Rückseite den Kauf ein. Nachdem ich bezahlt hatte, verließ ich freudestrahlend mit dem Kinderwagen den Laden. Mama wird Augen machen! Als ich kurz hinter dem

Eschenheimer Turm war, heulten die Sirenen zum Voralarm. Ich musste schnell laufen, um noch in einen öffentlichen Luftschutzkeller zu kommen. Ein Mann stand vor der Tür. „Ei, Mädchen, wo hast du dann des Kind gelasse?“ Ich erzählte ihm, dass ich den Wagen gerade erst gekauft hatte und er trug ihn für mich in den Keller. Der Alarm war nur kurz und voller Stolz schob ich den Kinderwagen nach Hause. Endlich hatten wir ein Bettchen für Gerdi, denn spazieren gehen würden wir nicht mit der Kleinen, dazu war unsere Angst nach wie vor viel zu groß.

Nach einigen Wochen durfte auch Helmut manchmal mit mir durch unsere Siedlung laufen, denn es war weit und breit kein Mensch zu sehen. Neben dem Haus, in dem wir nun lebten, standen Reihenhäuser, die alle unbewohnt waren. Nur ein einziges Mal haben wir einen Jungen mit seiner Mutter gesehen. Jetzt im Sommer hingen die Obstbäume in den Gärten voller Kirschen und Äpfel und wir beide genossen die frischen Früchte. Es war sicher streng verboten sie zu ernten, aber wir aßen immer nur einige und pflückten jeder eine Hand voll für Mama und Gerdi. Unsere kleine Gerdi entwickelte sich prächtig, immer hatte sie Hunger. Wenn ich mich mit ihr an den Küchentisch setzte, trommelte sie sofort mit ihren kleinen Händchen auf den Tisch und wenn Mama ihr dann eine Brotkruste gab, war sie ganz aus dem Häuschen. Sie steckte sie sofort in den Mund. Obwohl sie mit vier Monaten noch keine Zähne hatte, lutschte sie solange daran, bis sie es schlucken konnte. Es ist mir bis heute ein Rätsel, wie wir sie mit den wenigen Lebensmitteln, die wir bekamen, ernähren konnten. Sie musste alles essen, was auf den Tisch kam. Außer der entrahmten Milch, die so dünn war, dass sie fast bläulich aussah, und dem Gries, den Herr Pallentin uns ganz selten besorgen konnte, hatten wir nur trockenes Brot, Kartoffeln oder ab und zu etwas stibitztes Obst zum Essen. Sie war ein völlig unkompliziertes Kind und brachte viel Freude in unsere Familie.

Hinter der Duisbergstraße war ein „Russenlager“, ein mit Stacheldraht eingezäuntes Grundstück, auf dem Fremdarbeiter in einfachen Holzhäusern lebten. Die Männer haben immer gerufen, wenn sie uns sahen. Wir verstanden ihre Sprache nicht, aber irgendwie spürte ich, sie hatten Hunger und riefen nach Brot. Helmut und ich sind einmal hingegangen und haben ihnen einige Stücke Brot durch den Zaun gegeben. Gierig haben sie sich darauf gestürzt und um die Scheiben gestritten. Da sie immer weiter riefen, sind wir schnell weggelaufen. Wir hatten Angst, es könnte ein Aufseher hören und der würde uns vielleicht anzeigen. Mir taten diese Männer sehr leid, denn es ging ihnen noch viel schlechter als uns.

Auch zum Einkaufen zu Herrn Pallentin durfte Helmut jetzt manchmal mitgehen. Herr Pallentin hat nie gefragt, wieso wir beide noch in Frankfurt wohnten. Er wusste sicher, dass wir Juden sind, denn außer uns waren hier in der Siedlung keine Kinder mehr. Alle waren mit ihren Schulklassen auf dem Land in Sicherheit. Eines Tages im September fragte er uns, ob wir einmal mit ihm in seiner Mittagspause nach Niederrad fahren wollten. Dort hatte er sein Hauptgeschäft und seine Wohnung. Seine Frau würde uns gerne zum Mittagessen einladen. Nach langem Drängen hat Mama es uns erlaubt. Wir freuten uns sehr, denn bisher waren wir nur ein einziges Mal in unserem Leben, vor vielen Jahren mit Onkel Emil, dem Mann von Tante Änne, Auto gefahren. Herr Pallentin hatte einen kleinen Lieferwagen. Wir saßen zu dritt im Führerhaus und besonders für Helmut war diese Fahrt ein großes Ereignis. Frau Pallentin begrüßte uns sehr freundlich und hatte ein wunderbares Mittagessen gekocht. Es gab Kartoffeln, Gemüse und für jeden ein Stück Fleisch und als Krönung noch einen Vanillepudding zum Nachtisch. So gut hatten wir zuletzt am Ostersonntag beim Onkel im Schwarzwald gegessen. Überglücklich fuhren wir wieder zusammen durch die Stadt zurück und Helmut strahlte noch übers ganze Gesicht, als er abends Papa von unserem Ausflug erzählte. Er blühte richtig auf, endlich durfte er sich wieder auf die Straße wagen und sich frei bewegen. In der ganzen Zeit habe ich nie einen Menschen mit Judenstern gesehen. Entweder waren keine mehr in Frankfurt oder die wenigen, die hier noch lebten, trugen genau wie Helmut einfach keinen Stern mehr. Die Angst, eines Tages könnte doch noch jemand kommen und Mama und Helmut auf Transport schicken, war immer in unseren Köpfen. Aber nie wurde über diese Gefahr gesprochen. Auch nicht darüber, was aus den Kindern vom Heim in der Hans-Thoma-Straße geworden war. Im Rothschildhaus hatte ich immer gehofft, Post von Inge Herz zu bekommen, sie hatte mir fest versprochen zu schreiben. Aber nie hätte ich mich getraut, mit meinen Eltern oder mit Helmut darüber zu sprechen.

In den letzten Wochen fiel immer wieder der Strom aus, das Gas funktionierte nicht oder es kam kein Wasser mehr aus der Leitung. Dann stand in der Eschersheimer Landstraße ein Tankwagen, bei dem ich mit zwei Eimern Wasser holen konnte. Helmut traute sich nicht mitzugehen, denn die Männer in Uniformen, die das Wasser verteilten, hätten Fragen stellen können. Er wartete im Treppenhaus auf mich und trug die Wassereimer in den vierten Stock, brachte sie leer zurück, und ich lief schnell noch einmal zum Wagen, um Wasser zu holen. Zum Glück kam das nicht so häufig vor, denn es war für mich sehr anstrengend, die schweren Eimer zu schleppen. Seit einiger Zeit brachte Papa jede Woche einmal eine Tasche voll Holz von der Arbeit mit nach Hause. Der Winter stand vor der Tür und es gab, wie schon im Jahr davor, weder Kohlen noch Brennholz in Frankfurt. Zwar stand Brennmaterial immer noch auf den Zuteilungskarten, aber es war einfach nichts mehr da. Manche Leute versorgten sich heimlich im Wald mit Holz, auch wenn es verboten war und streng bestraft wurde.

Es hatte geschneit. Gerdi war begeistert von den Schneeflocken. Wir hatten das Fenster geöffnet, und sie schnappte nach den Schneeflocken, die ins Zimmer flogen, und versuchte, sie in den Mund zu stecken. Wie alles, was sie in die Finger bekam. Sie war gerade mal ein halbes Jahr alt und krabbelte schon durch die Wohnung, Helmut und ich immer hinter ihr her. Wir gingen jetzt nur noch zum Einkaufen aus dem Haus, denn wir hatten nur dünne Schuhe und keine warme Kleidung. Hoffentlich wird es keinen kalten Winter geben, denn unser Holzvorrat ist sehr bescheiden. Viel hatte Papa nicht mit nach Hause gebracht. Herr Nagel hatte, wie bereits in den letzten Jahren, wieder Winterkartoffeln für seine Mitarbeiter besorgt. So mussten wir uns vorerst um das Essen keine Gedanken machen. Das sechste Kriegsweihnachten stand vor der Tür. In diesem Jahr waren wir noch ärmer als vor einem Jahr im Rothschildhaus. Aber wir hatten alle die beiden schweren Angriffe überlebt, und unsere kleine Gerdi war gesund zur Welt gekommen. Papa hatte uns erzählt, dass bei den schrecklichen Angriffen fast 2000 Menschen gestorben waren und Unzählige verwundet wurden. Wenn ich in die Stadt laufe, sehe ich immer wieder Menschen, die in zerstörten Häusern leben. Denen geht es viel schlechter als uns. Frau Rentschler hat mir sogar versprochen, mit mir in den Taunus zu fahren und einen Weihnachtsbaum zu besorgen. Zwei Tage vor Heiligabend zogen wir beide los. Frau Rentschler hatte in ihre große Tasche eine kleine Baumsäge und zwei Säcke gepackt. „Wir schaffen das, verlass dich auf mich", sagte sie zu mir, als wir mit der Straßenbahn bis zur Endstation Hohe Mark fuhren. Wir spazierten einen verschneiten Weg entlang. Nach kurzer Zeit kamen wir an eine kleine Lichtung, auf der vereinzelt Tannen standen. „Such dir einen aus, nur nicht so groß, denn wir müssen ihn in den Sack bekommen." Frau Rentschler hatte für sich schon ein Bäumchen entdeckt und ruck-zuck abgeschnitten. „Hast du einen gefunden?" Ich stand vor einem winzigen Bäumchen, sicher nicht höher als 60 cm und rief leise. „Den würde ich gerne haben." Ohne zu zögern setzte Frau Rentschler die Säge an, steckte mir das Bäumchen in den anderen Sack und schnell gingen wir wieder auf den Weg. Hier band sie beide Säcke zu, und so bepackt fuhren wir wieder zurück. Voller Stolz präsentierte ich Mama das Tannenbäumchen. Papa bastelte aus zwei Holzbrettern einen Ständer. Helmut und ich schnitten aus den Zeitschriften, die uns Herr Rentschler geschenkt hatte, schmale Papierstreifen. Mit diesen schmückten wir das Weihnachtsbäumchen so gut es ging. Am Heiligen Abend stand es auf dem Tisch in unserer Stube. Obwohl es wirklich sehr winzig war, duftete es wie ein richtig großer Christbaum. In diesem Jahr hatte ich kein einziges Bunkerlichtchen besorgen können. In der ganzen Stadt gab es weder Kerzen noch Bunkerlichter. Helmut und ich sangen einige Weihnachtslieder und Gerdi hatte ihre Freude an den Papierstreifen. An Geschenke dachte niemand. Papa verbreitete wie immer Zuversicht. „So Gott will, feiern wir nächstes Jahr Weihnachten wieder im Frieden." Frieden, wie lange warteten wir schon darauf? Ich sehnte mich danach, obwohl ich mir nicht vorstellen konnte, wie er sein würde. Zu lange dauerte dieser entsetzliche Krieg nun schon. Auch an diesem Abend heulten die Sirenen, und wir gingen, wie selbstverständlich, in den Luftschutzkeller. Schon vor einem halben Jahr hat Papa erzählt, dass die Engländer und Amerikaner in Frankreich gelandet wären und der Krieg nun bald vorbei wäre. Ich kann fast nicht mehr daran glauben. Wo sind sie denn? Warum kommen sie nicht und machen diesem ganzen Elend ein Ende. An diesem Heiligen Abend im Luftschutzkeller betete ich in Gedanken: „Lieber Gott, lass endlich diesen Krieg vorbei sein, mehr wünsche ich mir nicht."

30. Dezember 1944	*Hitler ruft in seiner Silvesteransprache zum „Endsieg" auf*
27. Januar 1945	*Die Rote Armee befreit das Vernichtungslager Auschwitz*
08. Mai 1945	*Ende des Zweiten Weltkrieges*

Zurückgelassen

Freitag, 09. Februar 1945

Es war ein Tag wie jeder andere im letzten halben Jahr. Papa war früh zur Arbeit gegangen, Gerdi krabbelte über den Fußboden in der Küche, und Helmut spielte mit ihr. Mama schälte gerade Kartoffeln, während ich am Küchentisch Windeln zusammenlegte.

Es klingelt. Ich schaue Mama an und Helmut steht vom Fußboden auf. Wer kann das sein? Frau Rentschler klopft an die Tür, wenn sie zu uns kommt. Ich fühle mich plötzlich wieder wie an dem Tag, als Frau Neubauer bei uns geklingelt hatte und wir danach ausziehen mussten. Ein unangenehmes Gefühl macht sich in meinem Magen breit. Seit wir hier wohnen, hat es noch nie geklingelt. „Liselotte, schau bitte nach, wer das ist." Auch Mamas Stimme klingt nervös. Langsam gehe ich zur Wohnungstür und öffne sie ängstlich einen Spalt breit. Ein kleiner, eher schmächtiger Mann mit einer Mappe unter dem Arm steht davor. „Ich bin von der jüdischen Gemeinde, darf ich reinkommen?" Ich mache ihm die Tür auf. Auf dem Weg zur Küche kommt mir Mama kreidebleich entgegen. „Frau Wessinger, ich habe Post für Sie." Er greift in die Mappe und hält Mama zwei Briefe entgegen. Sofort schreit Mama ihn an: „Die nehmen wir nicht! Die wollen wir nicht! Mach, dass du fort kommst! Was fällt dir ein, mit so einer Nachricht hierher zu kommen!" Ihre Stimme überschlägt sich. Sie läuft in die Küche und kommt mit Gerdi auf dem Arm zurück. „Sieh dir meine

Kleine an! Sie ist noch ein Säugling und ihr wollt ihr die Mutter wegnehmen!" Mama brüllt den Mann an. Der steht sprachlos da. Gerdi fängt sofort an zu weinen. „Wie kannst du dich für so etwas hergeben, du bist doch selbst Jude?" Voller Verzweiflung geht sie zurück in die Küche, setzt sich mit der Kleinen an den Tisch und weint hemmungslos. „Ich kann doch nichts dafür, ich muss auch mit auf diesen Transport." Der Mann drückt Helmut die beiden Briefe in die Hand und verlässt schnell die Wohnung. Helmut legt die Briefe vor Mama auf den Küchentisch, aber sie schiebt sie zur Seite. „Das lese ich nicht." Sie schluchzt hemmungslos. Die Anspannung und die Angst der letzten Monate brechen wie eine Lawine aus ihr heraus. Ich setze mich ganz nahe zu ihr und versuche sie zu beruhigen. Wir sind alle wie erstarrt, keiner spricht ein Wort. Gerdi hat sich wieder beruhigt und greift nach Mama, aber die merkt es nicht. Sie sitzt da, als ob sie ganz weit weg wäre. Sie klammert sich ganz fest an die Kleine. Lautlos laufen ihr die Tränen übers Gesicht. Ich nehme einen Brief vom Tisch und gehe damit ins Zimmer. Ich will allein sein. Schon oft hatte ich von diesen „Transportscheinen" gehört, aber gesehen hatte ich bisher keinen. Ich setze mich auf mein Bett und falte das Blatt auseinander. Meine Hände zittern so sehr, dass ich das Blatt nicht ruhig halten kann. Ich lege es auf meinen Schoß und fange langsam an zu lesen:

Alle in Mischehen lebenden Juden/Jüdinnen – auch Geltungsjuden – kommen zum geschlossenen Arbeitseinsatz nach außerhalb. Mir stockt der Atem. Ich kann und will nicht weiterlesen. Da ist es wieder, dieses Wort – Geltungsjude. Genau wie an meinem ersten Schultag steigt wahnsinnige Angst in mir auf. Muss auch ich mit auf Transport? Hat der Mann nur vergessen meinen Schein abzugeben? Ich will nicht weg, ich denke sofort wieder an die Worte von Seppel: „Wenn ihr wüsstet, was die mit den Juden machen!" und an Inge Herz, die mir nie geschrieben hat. Was, wenn der Mann von der jüdischen Gemeinde noch einmal zurückkommt und auch für mich einen Brief bringt? Wären wir doch nur alle im Rothschildhaus umgekommen, dann müssten wir diesen Tag heute nicht erleben.

Ich weiß nicht, wie lange ich im Zimmer gesessen und still vor mich hin geweint habe. Der Mann kam nicht zurück, und endlich fand ich die Kraft, weiterzulesen:

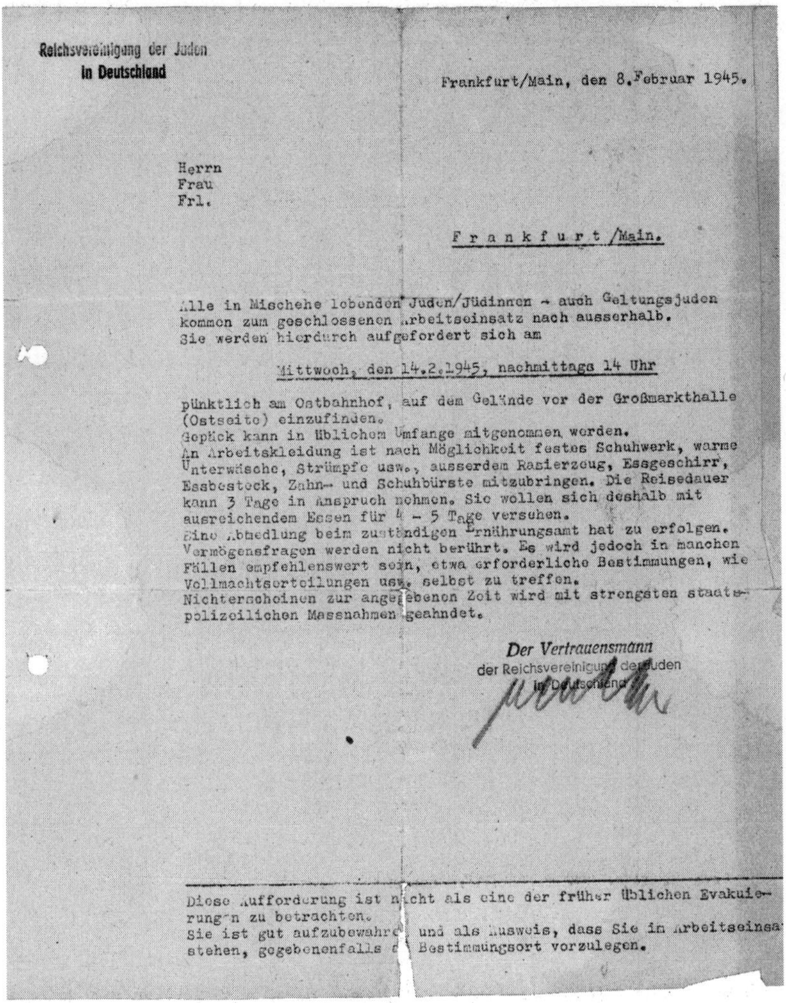

Reichsvereinigung der Juden
in Deutschland

Frankfurt/Main, den 8. Februar 1945.

Herrn
Frau
Frl.

F r a n k f u r t /Main.

Alle in Mischehe lebenden Juden/Jüdinnen – auch Geltungsjuden kommen zum geschlossenen Arbeitseinsatz nach ausserhalb.
Sie werden hierdurch aufgefordert sich am

Mittwoch, den 14.2.1945, nachmittags 14 Uhr

pünktlich am Ostbahnhof, auf dem Gelände vor der Großmarkthalle (Ostseite) einzufinden.
Gepäck kann in üblichem Umfange mitgenommen werden.
An Arbeitskleidung ist nach Möglichkeit festes Schuhwerk, warme Unterwäsche, Strümpfe usw., ausserdem Rasierzeug, Essgeschirr, Essbesteck, Zahn- und Schuhbürste mitzubringen. Die Reisedauer kann 3 Tage in Anspruch nehmen. Sie wollen sich deshalb mit ausreichendem Essen für 4 – 5 Tage versehen.
Eine Abmedlung beim zuständigen Ernährungsamt hat zu erfolgen.
Vermögensfragen werden nicht berührt. Es wird jedoch in manchen Fällen empfehlenswert sein, etwa erforderliche Bestimmungen, wie Vollmachtserteilungen usw. selbst zu treffen.
Nichterscheinen zur angegebenen Zeit wird mit strengsten staatspolizeilichen Massnahmen geahndet.

Der Vertrauensmann
der Reichsvereinigung der Juden
in Deutschland

Diese Aufforderung ist nicht als eine der früher üblichen Evakuierungen zu betrachten.
Sie ist gut aufzubewahre[illegible] und als Ausweis, dass Sie in Arbeitseinsa[illegible] stehen, gegebenenfalls d[illegible] Bestimmungsort vorzulegen.

Als ich wieder in die Küche kam, saß Helmut immer noch auf seinem Stuhl und starrte vor sich hin. Mama hatte Gerdi in den Wagen gelegt und stand wortlos am Herd und rührte abwesend im Kochtopf. Heute gab es Kartoffeln und Weißkraut. Später saßen wir vor unseren Tellern, aber keiner bekam einen Bissen runter. Nur die kleine Gerdi ließ sich von Mama füttern. Schnell hatte sie ihren Teller leer gegessen. Einen Moment lang beneidete ich sie um ihre Sorglosigkeit, aber dann erschrak ich vor mir selbst. Was wird mit ihr geschehen, wird Mama sie mitnehmen? Ich hatte am Börneplatz viele Frauen mit kleinen Kindern gesehen. Hoffentlich kommt Papa bald nach Hause, vielleicht findet er eine Lösung. Wenn nicht, dann müssen wir uns in unser Schicksal ergeben. Schon der Gedanke zerriss mir das Herz. Endlich hörte ich Papa kommen. Als er uns drei in der Küche sitzen sah, wusste er sofort, was geschehen war. Mama reichte ihm die Briefe und tobte sofort wieder genauso laut los. Papa setzte sich nur hin und hörte ihr schweigend zu. Er hatte sich schon so oft gegen die Nazis gewehrt, hatte sich von ihnen nicht drängen lassen, sich von Mama scheiden zu lassen. Er hatte sich für Helmut eingesetzt und ihn damals vor der Deportation gerettet. Nun sah er offenbar keinen Ausweg mehr. Als sich Mama etwas beruhigt hatte, nahm er sie in den Arm: „Ich hatte so gehofft, dass uns das erspart bleibt. Ich weiß nicht, wie ich es verhindern soll." Dem großen, sonst so starken Mann liefen die Tränen übers Gesicht. „Ich rede morgen mit Herrn Nagel, vielleicht kann er uns helfen." Sofort schöpfte ich wieder Hoffnung. Im Hermesweg hatte ich davon gehört, dass es einzelnen Juden gelungen war sich zu verstecken oder unterzutauchen. Aber das war schon eine Weile her, und wir sind fünf Personen, wie soll man die verstecken und mit Lebensmitteln versorgen?

In dieser Nacht konnte ich nicht schlafen und so hörte ich, wie sich meine Eltern ganz leise unterhielten. „Mit Gas geht es ganz schnell." Das war die Stimme meines Vaters. „Aber es gibt kein

Gas mehr, ich könnte versuchen Tabletten zu kaufen. Aber zuerst gehe ich morgen noch einmal zur jüdischen Gemeinde. Vielleicht gibt es doch noch einen Weg, zu entkommen." Mamas Stimme klang nicht wirklich hoffnungsvoll.

Am nächsten Tag ist Mama doch nicht zur jüdischen Gemeinde gegangen, und Papa hatte am Abend auch keine guten Nachrichten für uns. Er hatte mit Herrn Nagel gesprochen, aber der wusste auch keinen Rat. Alle hofften, dass der Krieg bald vorbei sein würde. Da konnte und wollte sich keiner mehr dem Risiko aussetzen, Juden zu verstecken. Als alle anderen Mitarbeiter gegangen waren, hatte Herr Nagel Papa eine große Tüte mit Brot und Butter und einer Dose Wurst mitgegeben. Damit sollten sie sich vor dem Transport wenigstens satt essen können. Mama schmierte beim Abendessen jedem etwas Butter aufs Brot. „Wenn wir schon Butter haben, dann essen wir sie auch gemeinsam. Mitnehmen können wir die sowieso nicht." Plötzlich schaute sie mich an: „Du kommst mit mir!" Ich zuckte zusammen, wohin sollte ich mitkommen, auf den Transport? „Wir gehen zum Stadtpfarrer Herr, wir sind alle katholisch getauft, der muss uns helfen können." Wieder ein kleiner Hoffnungsschimmer. Viel Zeit hatten wir nicht mehr, denn auf dem Schreiben stand, dass sich Mama und Helmut am Mittwoch, dem 14. Februar 1945 um 14:00 Uhr am Ostbahnhof einfinden mussten. Heute hatten wir schon Montag. In aller Frühe machten Mama und ich uns auf den Weg durch die zerstörte Stadt.

Wie durch ein Wunder stand das Dompfarrhaus fast unbeschädigt da. Zuversichtlich klingelten wir an der Tür. Die Haushälterin machte uns auf. Ich kannte sie, denn solange wir bei Familie Neubauer gewohnt hatten, brachte ich oft morgens frische Brötchen ins Pfarrhaus. „Können wir bitte den Stadtpfarrer Herr sprechen, es ist wirklich lebenswichtig." Mama sprach ganz leise und die Frau ließ uns eintreten. Während wir im Eingangsbereich warteten, dachte

Das nur leicht zerstörte Dompfarrhaus

ich an die schöne Feier vor zwei Jahren zum goldenen Priesterjubiläum des Stadtpfarrers. Sicher konnte er sich noch an mich erinnern. Ich war gerade zur Ersten heiligen Kommunion gegangen und durfte bei der Ehrung das rote Samtkissen halten, auf dem ein goldener Kranz lag. Ich hatte extra ein passendes Gedicht gelernt, von dem mir bis heute drei Zeilen im Gedächtnis sind: „Ich reich den goldenen Kranz dir dankbar dar, darin sich innig Blatt an Blättchen schmiegt, so innig hast du Werk an Werk getan."

Kurze Zeit später begrüßte uns Pfarrer Herr in seinem Büro im ersten Stock. Mama reichte ihm den Transportschein. „Herr Stadtpfarrer, mein Sohn und ich sind schon vor zehn Jahren katholisch getauft worden. Meine beiden Kinder sind hier im Dom zur Kommunion gegangen, Sie müssen uns helfen. Ich habe noch ein kleines Mädchen von einem halben Jahr, die muss ich sonst mitnehmen oder bei meiner Tochter Liselotte lassen. Bitte, versuchen Sie es. Der Krieg kann doch nicht mehr lange dauern." Wieder fing Mama an zu weinen. Pfarrer Herr las den Brief und ging ins Nebenzimmer. Mama und ich saßen ganz nahe zusammen und hielten uns an den Händen, ich konnte ihren Herzschlag spüren. Ich war voller Zuversicht. In diesem großen Haus muss es eine Ecke oder einen Keller geben, in dem wir uns verstecken konnten. Der liebe Gott lässt es sicher nicht zu, dass wir getrennt werden. Mir

Familie am Abend des 13. Februar 1945

kam die Wartezeit ewig vor, durch die Tür hörten wir den Pfarrer mit irgendjemandem telefonieren. Als er wieder zu uns kam, schüttelte er nur mit dem Kopf. „Ich habe es versucht, es tut mir schrecklich leid, ich kann nichts für Sie tun. Mir sind die Hände gebunden. Ich kann Ihnen nur anbieten, das Baby in ein katholisches Kinderheim bringen zu lassen. Dort wird es ihm gut gehen." Und ich, wo soll ich hingehen? Warum kann ich nicht auch in das Kinderheim gehen? Aber wie in all den Jahren habe ich geschwiegen. Habe Angst gehabt, etwas für mich zu fordern, war still und habe alles über mich ergehen lassen. Mama bedankte sich leise bei ihm. Schweren Herzens sind wir gegangen. Zurück durch diese zerstörte Stadt, in unser zerstörtes Leben. Helmut hat uns sofort angesehen, dass wir keine gute Nachricht hatten. Er ging ins Zimmer und hat danach kein Wort mehr dazu gesagt.

Am Abend vor dem Abtransport überredete Frau Rentschler uns, noch ein Erinnerungsfoto zu machen. Sie hatte einen Fotoapparat besorgt und in der von ihnen bewohnten Wohnung stellte sie uns zurecht. Mir legte sie sogar noch eine ihrer Ketten um den Hals. Keinem von uns war nach Fotografieren zu Mute, aber sie bestand darauf.

Wir haben danach noch lange zusammengesessen und uns über alltägliche Dinge unterhalten. Mama schaute mich an. „Du gehst mit!“ Ihr Ton ließ keine Widerrede zu. Was meinte sie damit, musste ich nun doch mit auf Transport? Wieso? Ich hatte keinen Brief bekommen. „Den Papa können wir nicht mit zum Ostbahnhof nehmen. Der streitet sich sofort mit den SS-Leuten, und dann wird er gleich verhaftet. Liselotte, versprich mir, dich um Gerdi und Papa zu kümmern. Bringt die Kleine zum Pfarrhaus, damit sie ins Kinderheim kommt. Dort ist sie am besten aufgehoben, und ihr beiden haltet hier die Stellung, bis Helmut und ich wieder zurückkommen.“

Papa hatte sich den Tag freigenommen. Er wollte bei Gerdi bleiben, während ich Mama und Helmut zum Ostbahnhof begleiten sollte. Ihre wenigen Habseligkeiten, die sie mitnehmen durften, hatte Mama in einen kleinen Koffer und für Helmut in seinen Rucksack gepackt. Er hatte ihn durch die ganzen Angriffe gerettet. Vielleicht wird er ihm Glück bringen und er kommt damit wieder zurück. Mama nahm aus der Dose, in der wir unser Geld aufbewahrten, Geld mit. Alle Juden mussten für den Transport in die Konzentrationslager ihre Fahrt selbst bezahlen. Bis heute empfinde ich diese Tatsache unvorstellbar erniedrigend.

Am 14. Februar 1945 machten Mama, Helmut und ich uns auf den Weg zum Ostbahnhof. Papa stand mit der kleinen Gerdi auf dem Arm am Fenster und winkte uns nach. Mama hatte am Vorabend den Judenstern wieder an Helmuts Jacke genäht, ohne Stern wäre er sofort erschossen worden. Die Straßen waren menschenleer, schweigend sind wir den weiten Weg gelaufen, was sollten wir

Bunker am Ostbahnhof, 2009

noch sagen. Jeder von uns war davon überzeugt, wir sehen uns nicht mehr wieder. Noch nie hatten wir davon gehört, dass jemand von einem Transport zurückgekommen war.

Gerade als wir am Ostbahnhof ankamen, gab es Fliegeralarm. „Liselotte, du gehst in den Bunker." Trotz Mamas energischem Ton widersprach ich. „Ich will aber noch bei euch bleiben." „Lauf, bevor der Bunker zugemacht wird." Schnell rannte ich über die Straße zum Bunker und schaffte es gerade noch, bevor die Tür geschlossen wurde. Direkt hinter der Tür blieb ich stehen. Ich wollte sofort raus laufen, wenn der Alarm vorbei war, um Mama und Helmut noch einmal zu sehen. Mir kam die Zeit ewig vor, bis die Sirenen endlich Entwarnung gaben. Als die Bunkertür geöffnet wurde, sah ich schon den traurigen Zug von der Großmarkthalle zum Ostbahnhof laufen. Die Menschen blickten beschämt unter sich, nur

Mama und Helmut schauten suchend umher. Ich winkte und lief so schnell ich konnte hinter ihnen her. Auch einige Kinder waren dabei. Rechts und links von ihnen liefen Männer in SS-Uniformen. Es war grotesk, alle diese Menschen hatten sich freiwillig hier eingefunden. Hätten sie einen Ausweg gesehen, wären sie nicht gekommen. Jetzt würde keiner mehr versuchen zu fliehen. Sie gingen am Ostbahnhof vorbei zu einem Verladeplatz, an dem mehrere offene Güterwaggons standen. Ich wollte mitlaufen, aber ein SS-Mann ließ an einer Absperrung keinen Angehörigen durch. Bis zu mir konnte ich die lauten, schrillen Befehle hören, die ein uniformierter Mann brüllte. „Alles stehen bleiben. Mit dem Gesicht zum Zug. Immer 60 Personen in einen Wagen einsteigen." Es herrschte großes Durcheinander an der Rampe. Wie kann man Menschen bei diesem Wetter in Viehwagen transportieren? Mama und Helmut stehen noch auf der Rampe und Mama ruft mir zu: „Sei schön brav, sorge für die Kleine und gib auf den Papa acht!" Ich will ihr noch „Auf Wiedersehen" nachrufen, aber ich bekomme keinen Ton heraus. Ich kämpfe mit den Tränen und habe einen dicken Kloß im Hals. Ich winke. Winke und weine leise vor mich hin. Dann höre ich das Kommando: „Alle einsteigen!" Rückwärts gehen Mama und Helmut in ihren Wagen. Sie winken mir immer noch zu. Die SS-Männer schieben eine Waggontür nach der anderen mit lautem Knall ins Schloss und verschließen sie mit einem großen Hebel. Jedes Mal, wenn eine Tür zufällt, hören wir die Menschen von innen an die Bretter schlagen und laut weinen. Alle um mich herum weinen. Als der Wagen, in dem Mama und Helmut sind, an die Reihe kommt, schaut Helmut noch einmal aus der Tür und ruft mir ganz laut zu: „Wir kommen wieder!" Im gleichen Moment knallt die schwere Waggontür zu. Ich schlage meine Hände vors Gesicht und weine hemmungslos. Der Schmerz zerreißt mich fast. Ich kann nicht mehr stehen bleiben, ich will weg, nur weg von hier. Ich drängele mich durch die wartenden Leute und renne, renne als wäre der Teufel hinter mir her.

Güterrampe am Ostbahnhof, 2009

Ich kann nicht stehen bleiben, ich weine und renne den ganzen langen Weg. Eine Frau hält mich auf und fragt mich, ob ich mich verlaufen hätte. Ich gebe keine Antwort, sondern laufe einfach weiter. Völlig erschöpft bin ich in der Duisbergstraße angekommen. Papa hat mich in den Arm genommen, nur ganz langsam konnte ich mich wieder beruhigen. Als ich ihm erzählte, was ich am Ostbahnhof erlebt hatte, fingen wir beide wieder an zu weinen. Vor Schwäche und Erschöpfung bin ich in Papas großen, starken Armen eingeschlafen.

Der Anfang vom Ende

Es war so still im Haus, nur die kleine Gerdi plapperte vor sich hin. Familie Rentschler und Papa waren zur Arbeit. Ich fühlte mich unendlich einsam. Wie wird es Mama und Helmut gehen, ob sie noch immer im Zug sind? Ob wir uns jemals wiedersehen? Mir gehen die Gedanken an sie nicht aus dem Kopf. Wie wird es weitergehen? Hoffentlich müssen wir Gerdi nicht so bald ins Kinderheim bringen. Wenn sie weg ist, wird es für mich noch trauriger. Papa hatte mir den Kinderwagen in den Hausflur gestellt, damit ich sie zum Einkaufen mitnehmen konnte. Ich ging mit ihr zu Herrn Pallentin Milch holen. „Hallo ihr zwei, die Kleine macht sich ja prächtig, die hat ja richtig dicke Bäckchen bekommen. Wollte Helmut heute nicht mitkommen?“ Unter Tränen erzählte ich ihm, was passiert war. Er versuchte mich zu trösten, während er die Milch für Gerdi in die Flasche schüttete: „Die kommen bald wieder zurück, der Schwindel kann nicht mehr lange dauern. Bald bricht alles zusammen.“ Zu gerne hätte ich seinen Worten geglaubt.

Am nächsten Abend klopfte es an unserer Tür. Es war schon dunkel und Gerdi schlief bereits. Eigentlich konnte das nur Frau Rentschler sein. Als Papa die Tür öffnete, stand das Ehepaar Degenhardt mit zwei großen Koffern davor. „Wo kommt ihr denn her?“ Papa und ich waren sehr erstaunt. Wir hatten angenommen, dass Frau Degenhardt mit dem gleichen Transport wie Mama und Helmut weggekommen war, denn auch sie war Jüdin. „Ich konnte sie nicht zur Großmarkthalle bringen.“ Der im Rothschildhaus immer so lustige Herr Degenhardt schluchzte und hielt seine Frau dabei fest an der Hand. „Kommt erst einmal herein.“ Papa führte sie in die Küche. „Können wir uns hier im Haus verstecken, der Krieg kann doch nicht mehr lange dauern?“ Papa schaute die beiden verzweifelt an. „Wie stellt ihr euch das vor, ich habe selbst lange überlegt, wie ich Ria und Helmut verstecken könnte. Aber dann habe ich sie schweren Herzens weggeschickt. Kein Mensch weiß, wie lange das noch geht. Wenn ich euch aufnehme, bringe ich meine zwei Mädchen und uns alle in Lebensgefahr. Ihr wisst doch, was das heißt: „Nichterscheinen wird mit strengsten staatspolizeilichen Maßnahmen geahndet." Wenn die euch hier bei uns finden, werden wir alle sofort erschossen." Mir taten die beiden unendlich leid, aber bestimmt hatte Papa Recht. Diese Nacht durften sie bei uns bleiben. Als ich am nächsten Morgen wach wurde, waren sie schon weggegangen. Ich betete zum lieben Gott, dass er sie beschützen möge.

Der Tag sollte noch trauriger werden. Am Vormittag kam eine Ordensschwester und erklärte mir, dass wir Gerdi am Sonntag, dem 18. Februar, um 6:00 Uhr morgens an den Ostbahnhof bringen müssten. Von dort aus würde sie ins Kinderheim nach Waldaschaff gebracht werden. Gerne hätte ich Gerdi bei uns behalten, denn sie half mir mit ihrem Lachen über diese schweren Tage. Was sollte ich ohne sie anfangen. Aber ich hatte Mama versprochen, sie ins Heim zu bringen. Mitten in meinen Gedanken gab es Hauptalarm. Ich schnappte Gerdi und lief mit ihr die vielen Treppen in den Luftschutzkeller. Das Brummen der Flugzeuge kam immer näher und die Flak schoss aus allen Rohren. Seit langem hatte ich keinen so starken Tagesangriff mehr erlebt. Ganz allein saß ich mit Gerdi auf dem Schoß im Keller. Jetzt wurde mir klar, wir mussten sie ins Kinderheim bringen, dort war sie auf jeden Fall sicherer.

Um 4:00 Uhr in der Frühe machten Papa und ich uns auf den langen Weg zum Ostbahnhof. Die wenige Milch, die ich von Herrn Pallentin bekommen konnte, hatte ich gewärmt und in zwei Fläschchen gefüllt. Gut verpackt lagen sie bei Gerdi im Wagen. Auf einen großen Zettel hatte ich ihren Namen, ihr Geburtsdatum und unsere jetzige Adresse geschrieben und ebenfalls in den Wagen gelegt. Wie selbstverständlich schob Papa den Kinderwagen. Es war das erste Mal, vorher hatte er sich immer geweigert, den Wagen zu schieben. Trotz der traurigen Situation musste ich schmunzeln. Wir gingen ganz vorsichtig, denn es war noch stockdunkel und die Straßenlaternen brannten schon seit Kriegsbeginn nicht mehr. Ich hielt mich am Wagen fest. Den gleichen Weg war ich erst vier Tage vorher mit Mama und Helmut gelaufen. Auf der Nibelungenallee mussten wir einen großen Bogen um einen riesigen Bombentrichter machen. Er konnte nur vom Vortag sein. Als wir kurz vor 6:00 Uhr am Ostbahnhof ankamen, stand der Zug schon am Bahnsteig. Eine Nonne kam auf uns zu: „Wir haben Glück. Obwohl beim gestrigen Angriff viele Gleisanlagen zerstört wurden, ist die Strecke nach Waldaschaff frei." Ich drückte meine kleine Schwester noch einmal und Papa hob den Kinderwagen in den Zug. Kurz darauf fuhr er los. Wir winkten traurig hinterher. Was hatte die Nonne gesagt? „Wir haben Glück?" Glück stellte ich mir anders vor. Ist es Glück, innerhalb von vier Tagen seine Mutter und zwei Geschwister ins Ungewisse zu schicken?

Papa und ich waren nun schon fast vier Wochen allein. Er musste jetzt immer zu Fuß zur Arbeit gehen, denn Straßenbahnen und Züge verkehrten nicht mehr. Erst spät am Abend kam er todmüde nach Hause. Ich fühlte mich einsam. Langsam brach alles zusammen. Es gab weder Gas noch Strom. Wasser holte ich wieder am Tankwagen. Vor zwei Tagen war ich noch einmal bei Herrn Pallentin. „Ich mache morgen meinen Laden hier zu. Es gibt keine Zuteilungen mehr für die Hand voll Familien, die noch in dieser Siedlung leben. Ich glaube, du bist das einzige Kind hier." Zum Abschied schenkte er mir noch eine Tüte Mehl, eine Tüte Nudeln, ein Stück Butterschmalz und ein Glas Kunsthonig. „Ich hoffe, es ist bald vorbei, und nach dem Krieg trefft ihr euch alle wieder. Du solltest mit deinem Vater aufs Land gehen, hier kann es nur noch schlechter werden." Ich bedankte mich ganz herzlich bei ihm und ging traurig nach Hause.

Fast ein Jahr hatte Herr Pallentin uns versorgt. Mit Sicherheit wusste er, dass meine Eltern eine Mischehe führten und vielleicht auch, dass Helmut Jude war. Dennoch hat er Helmut und mich mit zu sich nach Hause genommen. Er hat dafür gesorgt, dass wir immer etwas zum Essen hatten. Ohne die Milch und den Gries für Gerdi hätte sie diesen Winter nicht überlebt. Als Gerdi Milchschorf auf dem Kopf hatte, besorgte er uns sogar ein Fläschchen Rizinusöl. Ausgerechnet in diesem traurigen Moment musste ich daran denken. Ich musste plötzlich laut lachen, obwohl ich allein war. Nach wenigen Tagen war der Milchschorf weg. Ein ganz kleiner Rest Rizinusöl war noch in dem Fläschchen. Außer Kartoffeln hatten wir zu dieser Zeit nichts. Mama stand am Küchentisch und schaute uns strahlend an. „Kinder, ich habe eine glänzende Idee." Sie rieb die Kartoffeln und gab etwas Mehl dazu. Ein Ei hätte den Brei besser zusammengehalten, aber Eier hätte uns auch Herr Pallentin nicht besorgen können. In einem kleinen Topf erhitzte sie den spärlichen Rest Rizinusöl und zauberte für uns Kartoffelpfannkuchen. Sie haben himmlisch geschmeckt und auch die kleine Gerdi hat voller Freude mitgegessen.

Seit Herr Pallentin nicht mehr da ist, laufe ich zweimal in der Woche in die Innenstadt und versuche, irgendwo Lebensmittel zu besorgen. Es sind nur wenige Leute unterwegs, die Stadt ist fast menschenleer. Immer noch liegt alles voller Schutt und Trümmer. Ich laufe umher und kenne mich in meiner Heimatstadt fast nicht mehr aus. Vor einem Lebensmittelgeschäft in der Eschersheimer Landstraße stehen viele Frauen. Sofort stelle ich mich dazu. Als ich an die Reihe komme, fragt die Frau hinter der Theke: „Für wie viele Personen?" Ich bin so überrascht, dass ich spontan antworte: „Fünf." Sie nimmt eine große Tüte und packt sie voll mit Lebensmitteln. Hoffentlich habe ich genügend Geld dabei, aber als ich frage, was es kostet, sagt sie:" Das kostet nichts, der Krieg ist sowieso verloren. Heute verschenke ich alles, was noch da ist." Freudig lief ich mit meinen Schätzen auf die Straße. Mama wird sich wundern! Nein, in meiner großen Freude hatte ich es verdrängt, sie ist ja nicht mehr da. Wieder liefen mir die Tränen übers Gesicht. Ich trocknete sie schnell ab. Papa und ich müssen tapfer sein und essen müssen wir auch. Traurig machte ich mich auf den Heimweg. Heim, ich hatte kein Zuhause, keine Heimat mehr. Dort, wo Papa und ich jetzt leben, ist keine Heimat, dort existieren und schlafen wir nur. Als ich ihm am Abend von meiner Lüge erzählte, schüttelte er den Kopf. „Das war nicht gelogen, wir hoffen doch jeden Tag, dass die anderen wiederkommen, und dann sind wir wieder zu fünft."

Es wurde immer schlimmer. Am 23. März 1945 kam ein Uniformierter zu uns und erklärte Papa, er müsse sich am nächsten Tag um 10:00 Uhr auf der Bertramwiese zum Volkssturm einfinden. Jetzt musste auch er noch weg. Er nahm mich in den Arm. „Du bist doch meine Große und weißt, dass der Krieg bald zu Ende ist. Glaube mir, ich muss dort hingehen, sonst holen die mich noch kurz vor Kriegsende ab. Was sie dann mit mir machen, weißt du auch. Du bleibst bei der Familie Rentschler. Ich verspreche dir, bei der ersten Gelegenheit, die sich mir bietet, komme ich zurück." In dieser Nacht durfte ich bei Papa schlafen. Was mache ich nur, wenn er weg ist? Morgens lief er noch einmal zu seiner Firma und sagte Herrn Nagel Bescheid. Dann musste er sich von mir verabschieden. „Ich komme wieder zurück, vertraue mir. Es wird alles gut werden. Bald ist unsere ganze Familie wieder zusammen. Pass gut auf dich auf." Obwohl ich mir fest vorgenommen hatte, tapfer zu sein, musste ich weinen. Auch Papa liefen die Tränen übers Gesicht. Ich habe ihm noch so lange nachgewinkt, bis ich ihn nicht mehr erkennen konnte. Ich fühlte mich einsam, einsam und verlassen. Jetzt war unsere ganze Familie zerrissen.

Warten und Beten
24. März 1945

Von der Straße hörte ich Lautsprecherdurchsagen. Schnell lief ich zur Haustür, damit ich die Meldung besser verstehen konnte. „Achtung, Achtung, alle Zivilpersonen müssen Frankfurt verlassen! Frankfurt wird zur Hauptkampfzone erklärt! Verlassen Sie die Stadt!“ Ich lief zurück in unsere Wohnung. Die Stadt verlassen, wo sollte ich denn hin? Auf der Treppe kam mir Frau Rentschler entgegen. „Auf Liselotte, pack deine Sachen zusammen, wir nehmen dich mit. Wir haben deinem Vater versprochen auf dich aufzupassen und dich auf keinen Fall im Stich zu lassen.“ „Ich bleibe hier, ich gehe nicht weg! Wenn ich jetzt auch noch weggehe, finden wir uns nie mehr wieder.“ Frau Rentschler schaute mich verblüfft an. „Liselotte, keiner weiß, wie das hier weitergeht, hier bist du in großer Gefahr.“ Zum ersten Mal in meinem Leben habe ich mich geweigert, habe ich nicht nachgegeben, habe ich meinen Willen durchgesetzt. „Ich gehe nicht, ich bleibe, was auch kommt.“ Ich hatte große Angst, was auf mich zukommen würde, aber weggehen würde ich auf keinen Fall. Als alles Reden nichts half, verabschiedeten sich Rentschlers von mir und gingen mit einem vollbepackten Drückkarren weg.

Jetzt war ich ganz auf mich alleine gestellt. In der Wohnung im vierten Stock wollte ich nicht bleiben. Das war mir zu gefährlich. Ohne lange zu überlegen schleifte ich meine Matratze, Bettdecke und Kopfkissen in den Luftschutzkeller. Hier war der sicherste Ort. Noch mehrmals lief ich hoch und runter, bis ich das Nötigste im Keller hatte. Von den geschenkten Lebensmitteln hatte ich noch einen Kanten Brot, drei große Kartoffeln und etwas Kunsthonig übrig. Das restliche Wasser schüttete ich in eine Kaffeekanne. Den Eimer brauchte ich als Toilettenersatz. Dann verließ ich die Wohnung.

Im Haus und auf der Straße ist es still, unheimlich still. Ich sitze in meinem Versteck und die Zeit will nicht vergehen. Ich fange an zu summen, singe leise Lieder vor mich hin. Vorsichtig gehe ich immer wieder an die Haustür und öffne sie einen Spalt. Nichts, kein Mensch, kein Tier, nichts ist zu sehen oder zu hören. Langsam wird es dunkel, ich lege mich auf meine Matratze und trotz meiner großen Angst schlafe ich ein. Immer wieder werde ich wach und lausche in die Nacht. Ab und zu vernehme ich von weit weg Schüsse. Dann ist alles wieder still. Am nächsten Tag höre ich wieder Lautsprecher. Die Durchsagen kann ich nicht richtig verstehen. Ich traue mich nicht, vor die Haustür zu gehen. Wenn mich jemand sieht, werde ich vielleicht verhaftet. Dann kommt der Lautsprecherwagen näher, und ich höre den Satz: „Kein Deutscher soll in die Hände des Feindes fallen.“ Wenn doch dieser Feind endlich kommen und uns befreien würde. Das kleine Stück Brot habe ich schon aufgegessen. Heute schneide ich die Kartoffeln in kleine Stücke und kaue sie ganz langsam. So schlecht schmecken sie gar nicht. Ich mache die Augen zu und denke an die leckeren Kartoffelpfannkuchen, die Mama mit dem Rizinusöl gebacken hatte. Immer wieder spreche ich laut vor mich hin, so als ob ich Helmut oder Mama erzählen würde, was ich gerade mache. Leise gehe ich die Treppe hoch und öffne die Haustür einen Spalt breit. Ich schaue ganz vorsichtig hinaus. Am Haus gegenüber sehe ich einen Soldaten, der, vorsichtig um sich schauend, in das Haus geht. Er sieht mich nicht. Meine Neugierde ist größer als meine Angst. Ich bleibe an der Tür stehen. Nach einiger Zeit kommt er in Zivilkleidung wieder heraus. Schnell mache ich die Haustür zu und renne in meinen Keller. Wieso hat er sich umgezogen, warum will er seine Uniform nicht mehr anhaben? Irgendetwas geht vor.

Wie oft habe ich jetzt schon im Keller geschlafen? Dreimal, viermal? Ich weiß es nicht mehr. Manchmal kommt es mir vor, als wäre ich schon ewig lange allein. Ich habe Hunger, die Kartoffeln sind aufgegessen und es ist nur noch etwas Kunsthonig übrig. Davon kann ich nicht mehr lange leben. Mein Magen knurrt ständig und ich mache mich auf die Suche nach etwas Essbarem. Vielleicht finde ich ein Glas eingemachtes Obst oder Gurken. Ganz egal, ich habe solchen Hunger, ich könnte alles essen. Im vorletzten Keller hängt an einem alten Regal ein kleines Leinensäckchen. Es fühlte sich schwer an. Ich nehme es vom Haken. Ganz vorsichtig öffne ich es. „Brot!" Ich stoße einen Freudenschrei aus. Ein ganzes Säckchen voll harter Brotkrusten. Gott sei Dank. Die muss jemand zum Trocknen in den Keller gehängt haben. Mit etwas Wasser verdünne ich den kleinen Rest Kunsthonig und tunke die Brotkrusten in meine Tasse. Ganz langsam lasse ich sie im Mund zergehen, es schmeckte herrlich. Ich bin gerettet, mit diesem Brot kann ich noch einige Tage überleben. Ich sitze, gehe im Keller umher oder lege mich hin. Immer wieder denke ich an die anderen. Wo ist Papa jetzt, muss er kämpfen? Wie geht es der kleinen Gerdi? Ich habe Angst um Mama und Helmut. Was, wenn sie die Fahrt mit dem Güterzug nicht überlebt haben? Hoffentlich wurden sie nicht nach Auschwitz gebracht. Im Hermesweg hatte ich oft gehört: „Von Auschwitz kommt keiner zurück." Und immer wieder höre ich Helmuts Worte: „Wir kommen wieder!" Ich sehe Mama winken und höre die Waggontüren zuschlagen. Jetzt hilft nur noch beten. Ich schließe meine Augen und spreche mit dem lieben Gott: „Bitte, pass auf meine Familie auf. Lass diesen grausamen Krieg endlich zu Ende gehen. Bringe alle wieder zu mir zurück."

Eigentlich ist Frühling, aber heute wird es nicht richtig hell. Bald muss Ostern sein, aber was bedeutet das hier unten im Keller? Was hatte uns der Kaplan im Kommunionunterricht erzählt: „Ostern, das ist das Fest der Auferstehung, der Erlösung von allem Leid." Ich habe in den letzten Jahren so viel Leid und Elend, Krieg und Zerstörung erlebt, wann wird es für mich Ostern? Wieder gehe ich im Keller hin und her und singe laut vor mich hin. Ich kann die Einsamkeit und Stille fast nicht mehr ertragen. Plötzlich höre ich Klopfgeräusche, oder bilde ich mir das schon ein? Ich bleibe stehen. Jetzt höre ich es deutlich. Es klopft an der Haustür. Es wird immer lauter. Immer heftiger schlägt jemand mit einem Gegenstand an die Tür. Mein Herz rast. Wenn ich nicht aufmache, wird die Türe eingeschlagen. Ich gehe die Kellertreppe hoch, mein Puls rast so sehr, dass ich fast keine Luft bekomme. Trotzdem gehe ich weiter, mit jedem Schritt wird meine Angst größer. Dann stehe ich hinter der Tür. Ich kann nichts sehen, die Glasscheibe ist viel zu hoch für mich. Ich erkenne einen Schatten und öffne die Tür. Vor mir steht ein farbiger Soldat! Das kann kein Deutscher sein! Das muss ein Amerikaner sein! Der Krieg ist vorbei!

Weinend schaue ich ihn an, er spricht mit mir, aber ich kann ihn nicht verstehen. Dann fragt er noch einmal. An seinen Gesten erkenne ich, er will wissen wo die anderen sind. Ich schüttele heftig mit dem Kopf: „Ich bin allein, ganz allein im Haus!" Dabei zeige ich mit der Hand auf mich. Der farbige Soldat scheint mich zu verstehen. Er greift in seine Jackentasche und holt eine kleine Tafel Schokolade heraus. „For you." Vor lauter Glück laufen mir die Tränen übers Gesicht. Es ist vorbei, der Krieg ist aus! Der liebe Gott hat mein Gebet gehört!

Ich laufe auf die Straße, die Schokolade fest in der Hand. Als ich an die Miquelallee komme, sehe ich Hunderte Soldaten und viele Panzer kommen. Die wenigen Menschen am Straßenrand winken ihnen zu. Endlich sind sie da. Vor lauter Freude weine ich wieder und winke mit beiden Händen den amerikanischen Soldaten zu. Ich habe nur noch einen Gedanken: Der Krieg ist aus! Endlich ist der Krieg aus!

Es ist Gründonnerstag, der 29. März 1945.

Noch am gleichen Tag ging ich zurück in die Wohnung. Hoffentlich kommt Papa bald wieder nach Hause, er hatte es mir fest versprochen. Es rumpelte im Treppenhaus. Leise öffnete ich die Wohnungstür. „Hallo, Liselotte, bist du noch da? Wir sind wieder zurück." Das war Frau Rentschlers Stimme. Ich lief ihr entgegen. Sie und ihr Mann waren überglücklich, dass ich alles gut überstanden hatte. Endlich war ich nicht mehr allein. In dieser Nacht schlief ich das erste Mal seit einer Ewigkeit wieder tief und fest. Keine Sirenen, kein Alarm, keine Fliegerangriffe, kein Rennen in den Luftschutzkeller. Es lag eine unvorstellbare, himmlische Ruhe über der Stadt.

Am nächsten Morgen schaute ich immer wieder zum Fenster hinaus. Bald musste Papa doch nach Hause kommen. Herr Rentschler machte mir Mut: „Dein Papa hat schon so viel überstanden, der ist bald wieder da." Zwei Tage später klingelte es. Ich öffnete das Fenster und stieß einen Freudenschrei aus. Papa stand vor der Tür. So schnell ich konnte, sauste ich die Treppen hinunter und flog ihm in die Arme. Papa ist wieder da! Jetzt wird alles gut! Wir weinten beide vor Glück. Dazwischen erzählte ich ihm, wie ich die Zeit im Keller verbracht hatte. Von dem farbigen Soldaten und der Schokolade, die er mir geschenkt hatte, berichtete ich ihm gleich mehrmals. „Ich wusste, dass ich mich auf dich verlassen kann, du bist ein sehr tapferes Mädchen." Er drückte mich ganz fest. Jetzt konnte es nur besser werden. Papa holte aus seinem Rucksack Kartoffeln und Krautköpfe, die er auf dem Rückweg von den Bauern bekommen hatte. Endlich hatten wir wieder etwas zum Essen. Am nächsten Tag war Ostersonntag, das Fest der Auferstehung und der Hoffnung. Vor einem Jahr waren wir an Ostern alle zusammen im Schwarzwald. Wie glücklich waren wir dort gewesen, und wie viel Schreckliches war in diesem einen Jahr geschehen. Aber wir haben den Krieg überstanden. Papa ist da und Mama, Helmut und Gerdi werden auch wieder zurückkommen.

Lautes Geschrei weckte uns am nächsten Tag auf. Papa öffnete das Fenster. Jetzt konnte ich ganz deutlich Männerstimmen hören, die immer wieder „Fritz" riefen. „Das sind ja meine Russen von der Firma Nagel." Schnell lief Papa die Treppe runter und kam mit fünf Männern zurück. Alle redeten durcheinander und drückten Papa ganz fest. Ich stand da und verstand kein Wort. Papa beruhigte sie. Dann erzählte einer in gebrochenem Deutsch. „Fritz, der Krieg ist aus, wir sind frei! Du hast uns immer gut behandelt, du bist der beste Deutsche. Was brauchst du, wir bringen dir alles." Papa hatte lange Zeit mit diesen russischen Fremdarbeitern zusammen gearbeitet. „Das ist für dich, Mehl und Zucker." Der Mann zeigte auf zwei große Säcke, die sie mitgebracht hatten. „Wo habt ihr das her? Ihr wisst, Plündern wird streng bestraft." „Alle haben Hunger, und dort wo wir es her haben, gibt es noch viel mehr." Papa machte ihnen klar, dass er die Säcke nicht behalten wollte. Da wir aber außer den Kartoffeln und dem Weißkraut nichts hatten, füllte er zwei Schüsseln mit Mehl und Zucker ab. Die russischen Arbeiter verabschiedeten sich unter Tränen von uns. „Hoffentlich kommen sie gut in ihre Heimat zurück, sie haben es alle verdient."

In der folgenden Woche gingen wir ins Dompfarrhaus und erkundigten uns nach Gerdi. „Allen Kindern in Waldaschaff geht es gut. Sie müssen sich keine Sorgen machen." Es war die Haushälterin vom Stadtpfarrer, die uns diese Auskunft gab. Wir waren sehr froh, denn wie es weitergehen würde, war noch nicht abzusehen. Kurz nachdem die Amerikaner Frankfurt besetzt hatten, funktionierte die Strom-, Gas- und auch die Wasserversorgung wieder. Lebensmittel waren aber mehr als knapp. Während des Krieges bekamen wir zwar nicht immer, was uns nach unseren Lebensmittelkarten zugestanden hätte. Aber jetzt gab es fast nichts mehr. Jeden Tag waren Papa und ich in der Stadt unterwegs, um etwas zum Essen zu ergattern. Eines Tages trafen wir auf der Zeil Marion und ihren Vater. Wir hatten uns aus den Augen verloren, als sie in die

Realschule ging und ich nicht mit durfte. Sie wohnte jetzt mit ihrem Vater und Oma Ofenloch in der Seilerstraße. Ihr Vater lud uns zu einer Tasse Kaffee ein. „Woher habt ihr denn noch Kaffee?“ Papa konnte es gar nicht glauben. Marions Vater lächelte: „Ich habe so meine Beziehungen. Da kommt man schon mal an das eine oder andere heran.“ Die beiden Männer verstanden sich gut. Papa erzählte, dass Mama und Helmut noch kurz vor Kriegsende auf Transport gehen mussten. Marions Vater wusste, dass im Baumweg die jüdische Gemeinde wieder geöffnet hatte. „Vielleicht wissen die schon, wo die beiden hingekommen sind.“ Er sprach dann auch darüber, dass er wegen seiner politischen Gesinnung zu Zwangsarbeit verurteilt worden und selbst einige Zeit im KZ war. Ich konnte kaum glauben, dass es noch eine jüdische Gemeinde geben sollte. Der Mann, der die Briefe für Mama und Helmut gebracht hatte, sagte doch damals, auch er ginge mit auf diesen Transport. Aber Marions Papa hatte Recht. Wir gingen am nächsten Tag sofort in den Baumweg. Von der Dame dort erfuhren wir, dass dieser letzte Transport nach Theresienstadt gegangen war. „Mehr kann ich Ihnen noch nicht sagen, versuchen Sie es nächste Woche noch einmal.“ Wenigstens wussten wir jetzt, dass sie nicht nach Auschwitz deportiert wurden. Papa schaute mich zuversichtlich an: „Ich glaube, bald werden wir wieder eine Familie sein. Morgen gehen wir zu Herrn Nagel und fragen, ob ich wieder bei ihm arbeiten kann.“

Herr Nagel freute sich sehr, als er uns sah. Wir erzählten ihm, dass wir noch nichts von Mama und Helmut gehört hätten. „Fritz, das hat noch nichts zu bedeuten, der Krieg ist noch nicht aus. Noch ist Hitler an der Macht. Im Radio verbreitet Goebbels immer noch seine Durchhalteparolen. Wir Frankfurter hatten Glück, dass die Amis schon bei uns einmarschiert sind.“ Als Papa nach Arbeit fragte, schüttelte Herr Nagel mit dem Kopf. „An Arbeit ist bei mir noch lange nicht zu denken. Zuerst muss der Krieg vorbei sein und was dann kommt, weiß nur Gott allein. Eins kann ich dir aber versprechen: Sobald ich mein Geschäft wieder aufmachen darf, bist du der erste, den ich wieder einstelle. Versuch es doch mal bei der amerikanischen Besatzung, die suchen Leute, die nicht in der Partei waren. Besorge dir eine Bescheinigung, dass du mit einer Jüdin verheiratest bist, dann hast du gute Chancen."

Papa ging am nächsten Tag gleich zur jüdischen Gemeinde und bekam sofort die erforderliche Bescheinigung. Zusätzlich wurden wir mit Lebensmitteln für die nächsten Tage versorgt. Aber unsere Freude hielt nicht lange an. Am Nachmittag brachte ein amerikanischer Soldat die Nachricht, dass die IG Siedlung bis zum 26. April geräumt sein müsse. Auf der Mitteilung stand, dass nur ein Koffer mit persönlichen Dingen mitgenommen werden durfte. Alle Möbel mussten in den Wohnungen bleiben. Papa und ich hatten keine eigenen Möbel mehr. Unsere wenigen Habseligkeiten passten in einen kleinen Koffer. „Wir versuchen bei meinem Kollegen in der Berger Straße unterzukommen, wenigstens für ein paar Tage." Fast ein Jahr hatten wir hier in der Duisbergstraße gewohnt. Eine ereignisreiche Zeit. Gerdi wurde hier geboren. Mama und Helmut sind von hier aus auf Transport gegangen, und ich hatte ganz alleine die letzten Kriegstage im Keller ausgeharrt. Jetzt wurden wir wieder vertrieben. „Wenn wir jetzt weggehen, wie sollen Mama und Helmut uns finden, wenn sie wieder zurückkommen?" „Wenn wir wissen, wo wir wohnen, sagen wir sofort in der jüdischen Gemeinde Bescheid. Mach dir nicht so viel Gedanken." Papa nahm mich an die Hand, und gemeinsam verließen wir die IG Siedlung.

Weniger als nichts

Papas Kollegen sah ich sofort an, dass er nicht begeistert war, uns aufzunehmen. „Ihr könnt oben auf dem Speicher schlafen, da ist eine kleine Mansarde. Ein Klosett gibt es dort nicht. Ihr müsst euch einen Eimer mitnehmen, denn nachts schließe ich meine Wohnungstür ab." Die Mansarde im 5. Stockwerk entpuppte sich als erbärmlicher Lattenverschlag mit einer winzigen Dachluke. Außer uns hatten hier noch andere Menschen ihr Lager aufgeschlagen. Der ganze Dachboden stank erbärmlich. Wenn nur Mama endlich wiederkommen würde. Wenn sie da wäre, müssten wir nicht in so einer Rumpelkammer hausen. Papa war viel zu gutmütig und ließ sich alles gefallen. „Sei nicht traurig, das hier ist nur vorübergehend. Ich frage noch bei einem anderen Bekannten." Müde und verzweifelt legten wir uns auf den Fußboden. Ohne Matratze, ohne Kopfkissen, ohne Zudecke. Ich kuschelte mich an Papa. Wir besaßen wieder nur noch das, was wir am Leib trugen. Aber wir lebten.

Sobald es hell wurde, verließen wir das Haus und streiften durch die Straßen. Immer hatten wir Hunger. Die Lebensmittelversorgung in der Stadt war komplett zusammengebrochen. Ständig hielten wir nach Drückkarren mit Lebensmitteln Ausschau. Oft vergebens. Dann setzten wir uns einfach auf einen Trümmerberg oder gingen zu Oma Ofenloch. Bei ihr bekamen wir oft eine Scheibe Brot, manchmal sogar mit Butter bestrichen. Erst am Abend gingen wir wieder zum Schlafen in diesen schrecklichen Verschlag zurück.

Ich döste vor mich hin, als Lautsprecherdurchsagen und Geschrei von der Straße bis zu uns unters Dach drangen. Papa hob mich auf seine Schultern und ich öffnete die Dachluke. „Ich glaube, da unten tanzen die Leute auf der Straße." Gemeinsam liefen wir vors Haus und jetzt konnten wir es deutlich sehen. Die Menschen tanzten und umarmten sich. Eine Frau streckte die Arme zum Himmel, drehte sich im Kreis und rief: „Der Krieg ist aus, der Krieg ist aus! Leute, der Krieg ist vorbei!" Dazwischen dröhnten die

Lautsprecherdurchsagen. „Deutschland hat kapituliert, der Krieg ist aus!“ Es war Dienstag, der 8. Mai 1945.

Für mich war dieser schreckliche Krieg bereits am 29. März 1945 zu Ende gewesen, als der farbige Soldat mir eine Tafel Schokolade schenkte.

Endlich Frieden

Papa hatte für uns eine bessere Unterkunft bei seinem ehemaligen Kollegen Hafner in der Bornheimer Landstraße gefunden. Die Familie lebte selbst sehr beengt und hatte uns trotzdem aufgenommen. Wir durften auf einer Matratze im Wohnzimmer schlafen und bekamen auch eine Zudecke. Alles was sie hatten, teilten sie mit uns. Wir ernährten uns in dieser Zeit von Brot und Rhabarber. Lebensmittel wurden täglich knapper. In der Nähe, am Merianplatz, öffnete wenige Tage später das öffentliche Brausebad wieder. Papa und ich waren bei den ersten Benutzern. Wochenlang konnten wir uns nicht waschen. Wir besaßen kein eigenes Handtuch, um uns abzutrocknen. Hier bekamen wir Seife und auch ein Handtuch. Wir fühlten uns wie neu geboren. Immer wieder fragten wir bei der jüdischen Gemeinde nach Mama und Helmut. Endlich bekamen wir die erlösende Nachricht. Mama und Helmut sind noch in Theresienstadt und leben! Papa wollte sofort wissen, wann sie zurückkämen. „Da müssen Sie sich noch gedulden. In Theresienstadt sind Typhus und andere Seuchen ausgebrochen. Die ganze Stadt steht unter Quarantäne. Sobald es möglich ist, holen wir alle Überlebenden nach Hause.“ Mein größter Wunsch war in Erfüllung gegangen. Die ganze Familie hatte diesen schrecklichen Krieg überlebt.

Mit der Bescheinigung von der jüdischen Gemeinde, dass er mit einer Jüdin verheiratet ist, bewarb sich Papa um eine Anstellung bei den Amerikanern. Schon eine Woche später fing er im amerikanischen General Hospital 97 an der Friedberger Warte an zu arbeiten. Endlich verdiente er wieder Geld, und dort bekam er auch genug zu essen. Schon nach kurzer Zeit schmuggelte er Lebensmittel aus dem Lazarett. Mein Vater, der sich während der ganzen Kriegszeit immer an das Gesetz gehalten hatte, schmuggelte. Die Not und der Hunger waren so groß, dass er nicht anders handeln konnte. Auch für Familie Hafner reichten die Nahrungsmittel. So konnten wir uns bei ihnen dafür bedanken, dass sie uns in dieser schweren Zeit so selbstlos aufgenommen hatten.

Wenn ich Papa abends abholte, zog er oft sogar ein Stück Schokolade oder ein paar Bonbons aus seiner Tasche. Genussvoll ließ ich mir die Süßigkeiten auf der Zunge zergehen. Je länger Papa bei den Amerikanern arbeitete, umso mutiger wurde er. In den kommenden Wochen brachte er regelmäßig Lebensmittel und Schokolade mit.

4. Juni 1945. Heute wird Helmut in Theresienstadt 14 Jahre alt. Der Krieg war nun schon fast einen Monat aus und wir wussten immer noch nicht, wann er und Mama zurückkommen können. Ob er in Theresienstadt seinen Geburtstag feiern kann? Auch die kleine Gerdi hat heute Geburtstag. Ein Jahr ist sie heute. Wird im Heim jemand daran denken? Hoffentlich geht es ihr gut. Wenn Mama wieder zu Hause ist holen wir sie sofort zurück, und dann feiern wir beide Geburtstage nach. Ich hatte schon einen kleinen Vorrat an Schokolade angelegt, damit wollte ich beide überraschen.

Die Tage erscheinen mir jetzt endlos lange. Papa ging früh morgens aus dem Haus. Zuerst half ich Frau Hafner in der Wohnung, danach ging ich in die Stadt. Oft lief ich planlos durch die ehemaligen Straßen. Immer noch lagen riesige Schuttberge dort, wo vor den Luftangriffen die Frankfurter Altstadt stand. Es war sehr deprimierend. Meistens ging ich zu Oma Ofenloch. Sie freute sich sehr, wenn ich kam, und ich freute mich auf das Butterbrot, auf dem manchmal sogar Marmelade war. Ich wusste, dass sie gute Beziehungen hatte und es für sie kein Problem war, mir ein Stück Brot zu schenken. Die meisten Menschen hatten Angst vor einer Hungersnot. Nur wenige hatten das Glück, bei den amerikanischen Besatzungskräften zu arbeiten wie Papa. Überall sah man zwischen den Ruinen Menschen, die heimlich etwas verkauften oder Lebensmittel gegen Wertgegenstände tauschten.

Manchmal hörte ich mit Frau Hafner Radio. Immer öfter wurden von den Amerikanern Sendungen in deutscher Sprache ausgestrahlt. Ich kann mich noch ganz genau an eine erinnern. Der Sprecher befragte ein jüdisches Mädchen, das in Auschwitz befreit worden war. Sie erzählte, dass sie erlebt hatte, wie ein älterer Jude, der wegen der Kälte zwei Schals umgebunden hatte, von einem Lageraufseher zu sich gerufen wurde. Dieser riss dem Mann einen Schal vom Hals und sagte: „Ein Jude braucht nur einen Schal und zwar zum Aufhängen." Sofort zogen zwei SS-Männer dem alten Mann einen Strick um den Hals und hängten ihn auf. Das Mädchen weinte bitterlich, während sie sprach. Auch wir konnten unsere Tränen nicht zurückhalten. Hoffentlich hat Helmut nicht solche Grausamkeiten erleben müssen.

Juli 1945

Papa war schon früh ins Lazarett gegangen, und ich döste noch ein wenig vor mich hin. Ob ich heute noch einmal bei der jüdischen Gemeinde nachfragen sollte? Dann hörte ich Stimmen im Flur und im gleichen Moment wurde die Tür aufgerissen. Mama stand vor mir. Ich sprang auf und flog in ihre Arme. Mama war wieder da! Weinend klammerte ich mich an sie. Ich konnte mit meinen Armen fast um sie herum greifen, so dünn war sie geworden. Sie stellte mich auf die Erde. „Liselotte, wir haben es geschafft, wir haben überlebt!" In diesem Moment fiel alle Angst von mir ab. Jetzt wird alles gut! Ich wischte meine Tränen weg, und dann sah ich Helmut. Ich erkannte ihn fast nicht wieder. Er war so dünn, so zerbrechlich. Sein Kopf war winzig im Vergleich zu seinem abgemagerten Körper. Stumm stand er in der Tür. Wieder fing ich an zu weinen. Ich wagte mich nicht, ihn zu drücken. Ich hatte Angst, ihm wehzutun. Verlegen holte ich eine kleine Tafel Schokolade und legte sie in seine Hand. Er lachte. Als ich sein Lachen hörte, erkannte ich meinen Bruder wieder.

Mama hat sich sofort wieder um alles gekümmert. Noch am gleichen Tag gingen wir drei zur jüdischen Gemeinde. Dort war das Erstaunen groß, dass die zwei schon zurück waren. Die Busse, die die Frankfurter Juden nach Hause bringen sollten, waren noch unterwegs nach Theresienstadt. Mama erzählte, dass Helmut nicht länger warten wollte. „Hier sind unsere Entlassungspapiere, wir sind auf eigene Faust zurückgekommen." Sie waren tagelang unterwegs gewesen, teilweise mit dem Zug und streckenweise gelaufen.

Beide bekamen doppelte Lebensmittelkarten. „Sind wir jetzt wieder normale Menschen?" Die Dame hinter dem Schreibtisch nickte nur, was sollte sie auch sagen. Auf ihre Frage: „Was brauchen Sie noch?" gab Mama ihr nur eine Antwort: „Alles! Aber am dringendsten ein Dach über dem Kopf und ein Bett zum Schlafen." Wir bekamen eine Bescheinigung für das Hotel Victoria in der Elbestraße. „Dort bekommen Sie ein Zimmer für vier Personen mit Frühstück. Bis wir eine Wohnung für Sie gefunden haben, können Sie in dem Hotel bleiben." Wir liefen direkt vom Baumweg in die Elbestraße. Sofort bekamen wir einen Zimmerschlüssel. Als Mama die Türe aufschloss, waren wir drei sprachlos. Im hellen

Raum standen zwei große Betten und eine Liege. Die frisch bezogene, weiße Bettwäsche roch herrlich nach Seifenflocken. Ich hatte diesen Duft schon fast vergessen. Im Zimmer gab es ein Waschbecken mit kaltem und warmem Wasser und auf dem Flur eine Dusche. Himmlisch, endlich konnten wir uns wieder waschen. Nachdem Mama und Helmut sich etwas erfrischt hatten gingen wir zum amerikanischen Hospital. Der Weg war weit. Ich hatte Angst, dass Helmut es nicht schaffen würde. Es war warm und Helmuts Beine schmerzten ihn sehr. Er hatte eitrige Hungerödeme und wog nur noch 27 Kilogramm. Aber er wollte nicht im Hotel bleiben. Er wollte unbedingt mit. Er wollte zu Papa.

Als mein Vater uns drei vor dem Tor stehen sah, rannte er so schnell er konnte zu uns. Dem sonst so zurückhaltenden Mann liefen vor lauter Freude die Tränen übers Gesicht. Ganz vorsichtig drückte er die beiden. „Wartet einen Moment hier, ich bin gleich wieder da." Er eilte zurück durch die Sperre und kam kurz darauf strahlend mit einem Offizier wieder. „Kommt mit, ich darf euch meinen amerikanischen Kollegen vorstellen." Papa hatte ihnen erzählt, dass seine Frau und sein Sohn in Theresienstadt überlebt hatten. Jetzt freuten sie sich mit ihm, dass die beiden nun endlich zurückgekommen waren. Während Papa uns an der Sperre abholte, hatten sie einen großen Karton mit Lebensmitteln, Süßigkeiten und Obst gefüllt. Der Offizier überreichte uns das Paket. Alle freuten sich, dass unsere Familie wieder zusammengefunden hatte. Der Offizier fuhr uns mit seinem Wagen ins Hotel zurück, Mama und Helmut hätten den Rückweg auch nur mit größter Anstrengung geschafft.

Nachdem Mama wieder zurück war, fiel eine zentnerschwere Last von mir ab. Ich hatte plötzlich keine Verantwortung mehr für Papa und mich. Jetzt bestimmte sie wieder, wie vorher, unser aller Leben. Ich war durch diesen Krieg und durch meine Mutter gezwungen gewesen, wie eine Erwachsene zu denken und zu handeln. Sie hatte einen Teil ihrer Verantwortung auf meine Schultern gelegt, besonders nach der Geburt von Gerdi. Ich war ein Mädchen von 12 Jahren, aber ich war kein kleines Mädchen mehr. In mir war plötzlich eine Leere, eine bis dahin nicht gekannte Kraftlosigkeit. Ich hatte diesen Platz in der Familie einnehmen müssen, hatte ein eigenverantwortliches Leben geführt. Jetzt konnte ich mich wieder meiner Mutter unterordnen. Es war für mich nicht leicht, mich in dieser, mir schon fremd gewordenen Rolle des Kindes wieder zurechtzufinden. Aber ganz schnell genoss ich diese wieder gewonnene Sorglosigkeit sehr.

Wieder eine Familie

Sobald Mama sich etwas von ihren Strapazen erholt hatte, erkundigten wir uns im Dompfarrhaus nach Gerdi. Stadtpfarrer Herr zeigte keine Regung, als er uns sah. Vielleicht erkannte er meine Mutter, so abgemagert, nicht mehr. Wieder erhielten wir die Nachricht, dass es der Kleinen gut gehe. Gerne hätten wir sie sofort wieder zu uns geholt, aber in dem kleinen Hotelzimmer war das unmöglich. Wir brauchten also dringend eine Wohnung. In Frankfurt waren von 177.000 Wohnungen bei den schweren Luftangriffen fast 90.000 zerstört worden. Alle Bewohner, die aufs Land geflüchtet waren, wollten jetzt wieder zurück in ihre Heimatstadt. Alle Wohnungen unterlagen der Zwangsbewirtschaftung durch das Wohnungsamt. Mama hatte uns sofort beim Amt in Sachsenhausen gemeldet und nach kurzer Zeit hatten wir Glück. Wir bekamen zwei Zimmer in der Schweizer Straße zugewiesen. Frau Dauer, eine ältere Dame, war verständlicherweise nicht begeistert, eine fünfköpfige Familie aufnehmen zu müssen. Sie hatte sich bisher ihren Lebensunterhalt mit dem Vermieten von möblierten Zimmern an alleinstehende Damen verdient. Noch am gleichen

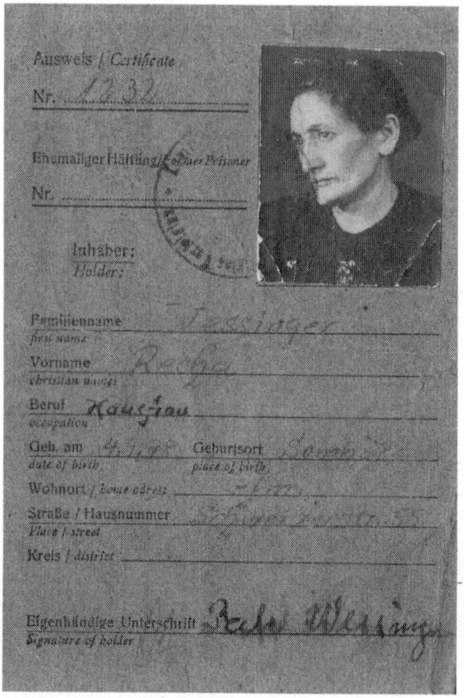
Ausweis / Certificate
Nr. 1232
Ehemaliger Häftling / Former Prisoner
Nr.
Inhaber:
Holder:
Familienname Wessinger
first name
Vorname Recha
christian name
Beruf Hausfrau
occupation
Geb. am [illegible] Geburtsort [illegible]
date of birth place of birth
Wohnort / home adress [illegible]
Straße / Hausnummer [illegible]
Place / street
Kreis / district
Eigenhändige Unterschrift Recha Wessinger
Signature of holder

Ausweis Recha Wessinger, 1945

Tag zogen wir vom Hotel in die Schweizer Straße. Ein Umzug im eigentlichen Sinne war das nicht, denn nach diesem verheerenden Krieg waren uns nur zwei kleine Koffer geblieben, in dem einen die wenigen Habseligkeiten, die Mama und Helmut nach Theresienstadt mitgenommen und von dort wieder zurückgebracht hatten. In dem anderen waren etwas Wäsche von Papa und mir, unsere Dokumente und fünf Fotos. Darunter das, was Frau Schmidtbauer am Abend vor dem Transport nach Theresienstadt von unserer Familie aufgenommen hatte.

Schnell hatte es sich im Haus herumgesprochen, dass Mama und Helmut aus Theresienstadt zurückgekommen waren und wir nichts mehr besaßen. Die übrigen Hausbewohner brachten uns alles, was sie entbehren konnten. Mir war das sehr unangenehm. Gerne hätte ich diese Tatsache verheimlicht. Ich hatte immer noch Angst, der Friede könnte nicht lange dauern. Angst vor den Menschen. Es waren die gleichen, die vorher Juden angespuckt hatten. Waren es die, die weggeschaut hatten, als die Juden abtransportiert wurden? Die, die Hitler zugejubelt hatten? Oder die, die auf Goebbels Frage „Wollt ihr den totalen Krieg?“ mit einem lauten „Ja“

geantwortet hatten? Hatten sie ihre Meinung so schnell geändert? Für mich war es zu dieser Zeit sehr schwer, fremden Menschen zu glauben.

Ende August konnten wir dann endlich mit der Bahn nach Waldaschaff fahren, um unsere kleine Gerdi abzuholen. Während der Fahrt malten wir uns aus, wie sie aussieht und ob sie uns entgegenlaufen würde. Wir hatten sie mehr als ein halbes Jahr nicht gesehen und mit ihren 14 Monaten konnte sie sicher schon laufen. Als wir in die Nähe des Kinderheimes kamen, hörten wir schon fröhliche Kinderstimmen. Im Hof sahen wir uns alle kleinen Mädchen an, aber wir konnten Gerdi nicht finden. Als Mama die Schwester fragte, zeigte diese Richtung Gebäude. „Die kleine Gerdi ist im Haus, ich bringe Sie zu ihr." Überall kamen uns Kinder entgegen, das Haus war voller Leben. Die Schwester führte uns in einen Schlafsaal. Hier standen Dutzende Kinderbettchen, eines neben dem anderen. An einem blieb die Schwester stehen. „Da ist die Kleine." Das kleine Bündel Mensch im Bettchen sollte unsere Gerdi sein? Sie lag auf dem Rücken und schaute ganz teilnahmslos in die Luft. Sie war gut genährt, aber trotzdem haben wir sie fast nicht mehr erkannt. Unter Tränen hob Mama sie aus dem Bettchen. Gerdi konnte nicht einmal mehr auf ihrem Schoß sitzen. Wir waren schockiert. Die Schwester entschuldigte sich. „Wir haben hier zu viele Kinder. Die wenigen Schwestern können sich nur um die Grundbedürfnisse der Kinder kümmern." Betrübt und trotzdem überglücklich nahmen wir unsere kleine Gerdi mit nach Hause. Das allerwichtigste war: Auch sie hatte den Krieg überstanden.

Nun war die ganze Familie wieder komplett, für mich grenzte das an ein Wunder. Aus Dankbarkeit ging ich wieder jeden Sonntag in den Dom zur heiligen Messe. Ab und zu überredete ich Helmut, mich zu begleiten. Obwohl er noch sehr schwach war und seine Beine beim Laufen schmerzten, ging er mir zuliebe mit. Der

Geschwister, Weihnachten 1945

Gottesdienst wurde in der nur leicht beschädigten Vorhalle gefeiert. Der restliche Dom war völlig zerstört worden. Vor der ehemaligen Tür zum Dom stand ein einfacher Altartisch. An einem Sonntag forderte Stadtpfarrer Herr Helmut auf, ihn als Messdiener zu unterstützen. Und Helmut folgte wortlos. Der Pfarrer, der ihn vor einem halben Jahr nicht in Sicherheit gebracht hatte, nimmt sich jetzt diesen Judenbub zum Messdiener. An mich erinnerte er sich sicher, und außer Helmut und mir war kein Kind im Gottesdienst. Ob er den Zusammenhang erkannte? Helmut war immer noch völlig abgemagert und so schwach, dass er jedes Mal beim Niederknien wackelte. Für mich spiegelte diese groteske Situation die gesamte Ratlosigkeit der Nachkriegszeit wider.

Wir hatten alle den Krieg überlebt. Überlebt ja, aber mit Wunden, die nie heilen würden.

08. Mai 1945 Ende des Zweiten Weltkrieges

Weltweit fielen dem Zweiten Weltkrieg ca. 55 Millionen Soldaten und Zivilisten zum Opfer, darunter sechs Millionen in den Vernichtungs- und Konzentrationslagern ermordete Menschen.

Das Deutsche Reich verlor während des Krieges schätzungsweise 3,8 bis 4 Millionen deutsche Wehrmachtssoldaten und 1,65 Millionen Zivilisten.

Die weitaus meisten Toten beklagte mit über 25 Millionen Menschen die Sowjetunion. Relativ zur Bevölkerungszahl hatte jedoch Polen den höchsten Blutzoll entrichtet: Rund 6 Millionen tote Polen entsprachen etwa 17 Prozent der Vorkriegsbevölkerung.

Insgesamt fielen der von den Nationalsozialisten in ihrem Rassenwahn angestrebten „Entjudung" Europas rund 5,6 Millionen Juden zum Opfer, davon etwa 2,7 Millionen in den Vernichtungslagern. Als „rassisch minderwertig" galten neben den Juden auch die europäischen Sinti und Roma. Mehr als 250.000 fielen den Einsatzgruppen zum Opfer oder wurden in den Vernichtungslagern vergast.

Neuanfang

Die Zeit nach dem Krieg war für uns, wie für die meisten Frankfurter, sehr schwer. Zu groß waren die Wunden der Menschen und die Trümmerberge in der Stadt. Die Versorgungslage war noch katastrophaler als während des Krieges. Von dem Wenigen, was es auf Lebensmittelkarten gab, konnte keiner satt werden. Mama und ich waren in dieser Zeit hauptsächlich damit beschäftigt, irgendwo irgendetwas zum Essen oder zum Anziehen zu besorgen. Wir hatten weder genug Geld noch Wertgegenstände, um uns auf dem Schwarzmarkt einzudecken. Voller Hoffnung fuhren wir in Mamas Heimatort Somborn zum Hamstern. Bekannte und Schulfreundinnen meiner Mutter freuten sich, dass eine ihrer jüdischen Mitbürgerinnen den Krieg in Deutschland überlebt hatte. Immer kamen wir mit gefüllten Taschen zurück. Von unseren Hamsterfahrten zu Familie Neubauer brachten wir Brot, Mehl und Brotkarten mit. Neubauers waren nach der Zerstörung ihres Hauses nach Seligenstadt, dem Heimatort von Frau Neubauer, gezogen. Sobald sich eine Möglichkeit bieten würde, wollten sie wieder nach Frankfurt zurückkehren. Oft stand Mama schon morgens um fünf Uhr vor dem Schlachthof in Sachsenhausen an, um ein Stück Freibankfleisch zu ergattern. Uns Kindern hat sie nie erzählt, wo sie das Fleisch, manchmal auch Pferdefleisch, gekauft hatte.

Gleichzeitig wurden in der jüdischen Gemeinde Kleidungsstücke verteilt, die Juden aus Amerika gespendet hatten. Wir konnten uns mit Kleidern, Röcken, Hosen und Mänteln eindecken. Unterwäsche, die wir am nötigsten gebraucht hätten, war leider nicht dabei. Ständig musste Mama die zwei, drei Schlüpfer, die wir besaßen, waschen. Bei einem Vortrag in der jüdischen Gemeinde wurde auf die Gefahr hingewiesen, dass es für Juden auch nach dem Krieg gefährlich sei, weiter in Deutschland zu bleiben. Meine Angst wurde dadurch wieder größer. Zu einer Ausreise nach Israel

Eltern mit Gerdi und Liselotte, 1946

wurde uns geraten, sobald die Einreisesperre der englischen Besatzung dies zulassen würde. Für die ganze Familie besorgten wir die nötigen Papiere. Wir saßen gedanklich schon auf gepackten Koffern.

Im September 1945 wurden in Frankfurt die Volksschulen wieder eröffnet. Alle Kinder mussten in die Volksschule, auch wenn sie vorher auf der Realschule oder im Gymnasium waren. Nach drei schulfreien Jahren war der erste Schultag für mich sehr schwer. Trotzdem erlaubte ich nicht, dass Mama mich begleitete. Zu groß war meine Angst, sie könnte dem Lehrer unsere Lebensgeschichte erzählen. Ich wollte nicht, dass irgendjemand etwas aus meiner Vergangenheit erfahren würde.

Die meisten Schulgebäude waren zerstört. Damit möglichst viele Kinder unterrichtet werden konnten, hatten wir eine Woche vormittags und in der nächsten Woche nachmittags Unterricht, jeweils nur vier Stunden. Die Klassen waren mit 50 bis 60 Kindern übervoll. Unsere Lehrerin, Frau Schnurre, war mir vom ersten

Augenblick an sympathisch. Sie war eine strenge, aber sehr gerechte Lehrerin. Sie hatte unsere Mädchenklasse fest im Griff. Da es weder Bücher, Hefte noch Bleistifte gab, erzählte sie uns in den ersten Wochen jeden Tag von fremden Ländern. Wir hingen an ihren Lippen, wenn sie uns von Rom, von Pompeji, von Griechenland oder den Pyramiden am Nil erzählte. In diesem sehr kalten Winter saßen wir entweder mit Mantel, Mütze, Schal und Handschuhen im Klassenzimmer, oder der Unterricht fiel wegen Kälte aus. Zu Hause hatten wir nur das Holz zum Verbrennen, das mein Vater aus den Trümmergrundstücken sammeln konnte. Das war viel zu wenig. Im Stadtwald lag zu dieser Zeit kein Stück Holz, kein Ast mehr auf dem Boden. Alles was brennbar war wurde mitgenommen. Auch die Lebensmittel wurden immer knapper. Jeder versuchte, sich mit Hamstern oder Tauschgeschäften über Wasser zu halten. Im Herbst gingen alle in den Wald, um Bucheckern zu sammeln. Für 5 kg bekam man 1 Liter Öl. Unser großes Glück war, dass die Geschwister meiner Mutter uns ab 1946 aus Amerika mit Lebensmittel-Paketen unterstützten. Sie waren alle rechtzeitig nach New York ausgewandert. Fast jede Woche kam ein Paket an. Ohne diese Hilfe wären die ersten Jahre nach dem Krieg für uns sehr schwer geworden.

Ein Jahr später wurden die weiterführenden Schulen wieder geöffnet und wir waren nur noch 40 Kinder in der Klasse. Frau Schnurre merkte schnell, dass ich gerade im Deutschunterricht sehr schlecht mitarbeiten konnte. Eines Tages stand sie vor unserer Wohnungstür. Nach einem langen Gespräch mit meiner Mutter bestand sie darauf, mir Nachhilfeunterricht zu erteilen. Bis zum Ende meiner Schulzeit 1948 ging ich einmal in der Woche zu ihr. Nie hat sie dafür Geld genommen.

Sie war es auch, die mir eine Ausbildung zur Kindergärtnerin vorschlug. Sie besorgte mir eine Stelle als „Vorschülerin“ im

Städtischen Kindergarten in der Gutleutstraße. In diesem Kindergarten erlebte ich den ersten Tag nach der Währungsreform. Am 20. Juni 1948 hatte jeder Deutsche 40 D-Mark bekommen, die Reichsmark verlor ihre Gültigkeit. Diesen Tag habe ich bis heute nicht vergessen. Eine Kollegin schaute aus dem Fenster und stieß einen Schrei aus. Alle liefen zu ihr. Wir trauten unseren Augen nicht. Auf der Straße stand ein Verkäufer mit einem Drückkarren voller Obst, wie wir es seit Jahren nicht gesehen hatten. Äpfel, Birnen, Bananen und Apfelsinen. Wir waren überwältigt. Wir rannten auf die Straße und sahen uns diese Pracht an, genossen den Duft der Früchte. Alles hätten wir kaufen können, ganz ohne Marken, ohne Schlange zu stehen. An diesem Tag war für mich der Krieg endgültig vorbei.

Zur anschließenden Ausbildung ging ich in die Textorschule in Sachsenhausen. Wir waren eine kleine Truppe von 12 bis 14 Mädchen. Hier lernte ich Ursel kennen, mit der ich mich sofort gut verstand. Sie ist bis heute meine beste Freundin. Von Anfang an hatte ich in dieser Klasse das Gefühl, hier kann ich machen, was ich will. Woher diese Euphorie kam, kann ich bis heute nicht erklären. Alle in der Klasse konnten mich gut leiden. Ich hatte nur Späße und Blödsinn im Kopf und trotzdem ermahnte mich keine Lehrerin. Vermutlich hatte Frau Schnurre ihnen von meiner schweren Zeit während des Krieges erzählt. Ich erinnere mich gut an meine Streiche. Noch heute komme ich beim Erzählen ins Schwärmen. Besonders während der praktischen Übungsstunden ließ ich meiner Phantasie freien Lauf. Im Gegensatz zu den anderen Mädchen waren Hausarbeit und Kinderpflege für mich im Krieg Alltag gewesen. Während sie Fenster putzten, versteckte ich mich in einem ausgebauten Holzrollladen, der in einer Ecke stand. Irgendwie schaffte ich es, mich hineinzurollen. Raus kam ich nicht mehr. Als die Lehrerin nach mir fragte, fingen die Mädchen sofort an zu lachen. Gemeinsam wickelten sie mich wieder aus.

Im Sommer arbeiteten wir einmal in der Woche in unserem Schulgarten in Niederrad. In einem Leiterwägelchen nahmen wir die Gartengeräte und etwas Proviant mit. Ich bin diesen Weg kein einziges Mal gelaufen. Immer habe ich mich in den Wagen gesetzt und ziehen lassen. Vor lauter Übermut stieg ich in die Regentonne und saß bis zum Hals im Wasser. Ich war die einzige, die beim Kochunterricht einen Deckel auf den Milchtopf legte und die die Puppe zum Wickeln auf den Kopf stellte. Ich entwickelte mich in dieser Zeit zum Klassenclown!

Wir Mädels unternahmen auch am Sonntag viel gemeinsam. Wir wanderten durch den Taunus, spazierten durch den Stadtwald oder trafen uns bei mir zu Hause. Mutter hatte nie etwas dagegen. Immer durften Helmut und ich unsere Freunde mitbringen. Unser

Abschlussfoto Textorschule, 1950
Liselotte zweite Reihe rechts, Freundin Ursel dritte Reihe, Zweite von rechts

Wohnzimmer war oft voller junger Leute. Hanni, eine sehr stille Mitschülerin, wohnte mehr als sechs Wochen bei uns. Ihr Vater musste zur Kur und sie hätte sonst allein bleiben müssen. Ihre Mutter war im Krieg von einem Soldaten erschossen worden. Vermutlich hatte sie die Tat miterlebt. Für meine Mutter war es selbstverständlich, sie bei uns aufzunehmen. Ebenso selbstverständlich war es, dass meine vierjährige Schwester und ein weiteres Kind aus unserem Haus mit zum Unterricht durften. Ich brachte beide oft zum Unterrichtsfach „Kinderbetreuung“ mit. Den beiden Mädchen und uns Schülerinnen hat es viel Spaß gemacht.

Einmal fuhren wir mit dem Fahrrad nach Dettingen, einem kleinen Dorf hinter Hanau. Ich war vorher noch nie Rad gefahren. Die Mädels besorgten ein Fahrrad und übten mit mir. Trotzdem war die Strecke für mich viel zu weit. Mehrmals musste ich unterwegs absteigen oder schieben. Beim Rückweg haben mich alle angespornt, und mit letzter Kraft kam ich wohlbehalten in Frankfurt an. Danach bin ich nie wieder eine so große Strecke mit dem Fahrrad gefahren.

Das Glück war auch bei der Abschlussprüfung auf meiner Seite. In der Handarbeitsstunde hatte ich nur selten mitgearbeitet. Zur Prüfung mussten wir aber ein Stoffstück mit einer Flickarbeit abliefern. Alle Mädchen hatten gleich mehrere angefertigt und das Beste abgegeben. Ursel schenkte mir eines ihrer weniger gut gelungenen. Es reichte für eine gute Note. Vor der Kochprüfung hatte Frau Ewers mich schon gewarnt. Das einzige Gericht, das mir keine Mühe bereitete, war „Badischer Fisch.“ Die Wahrscheinlichkeit, dass ich das Los mit diesem Gericht ziehen würde, war gering. Alle waren gespannt. Ich griff ins Glas, rollte den Zettel auseinander und lachte schallend. „Badischer Fisch“ stand in großen Druckbuchstaben darauf. Obwohl ich kein einziges Mal gelernt hatte, bestand ich die Prüfung mit Bravour.

Diese Zeit in der Textorschule war die fröhlichste und sorgloseste meiner Jugend. Ich genoss sie in vollen Zügen. Angst war für mich zum Fremdwort geworden. Es war meine Zeit, meine Welt, meine Späße, meine Freiheit. Diese Menschen und die Erlebnisse entschädigten mich für die entbehrungsreichen, verlorenen Jahre meiner Kindheit.

Epilog

Als Lilo Günzler mir von ihrer Zeit in der Textorschule erzählte, kam noch nach 60 Jahren ihre grenzenlose Freude zum Vorschein. Ihre Stimme klang euphorisch, ihre Augen leuchteten. Die Streiche sprudelten förmlich aus ihr heraus. So aufgewühlt hatte ich Lilo in all den Jahren noch nicht erlebt. Sie beendete ihre Erzählung mit dem Satz: „Danach bin ich wieder ernst geworden. Der Alltag holte mich ein."

Der Alltag holte die ganze Familie Wessinger/Sonneberg ein.

Als 1948 die jüdische Gemeinde der Familie mitteilte, dass nun eine Einreise nach Israel möglich sei, entschieden sich Lilo und Helmut dagegen. Beide waren gerade in ihrer Ausbildung, hatten Freunde gefunden und wollten nicht mehr aus Frankfurt weg. Auch die Eltern unterstützten diese Entscheidung. Der Vater war mittlerweile 55 Jahre alt und wieder bei der Firma Nagel angestellt. Ein neuer Anfang in einem fremden Land wäre auch ihm schwer gefallen. Keiner hat diese Entscheidung später bereut.

Die Eltern wohnten bis 1970 in der Schweizer Straße. Die Mutter arbeitete noch einige Jahre bei Familie Weidenweber in deren Bäckerei in der Diesterwegstraße in Sachsenhausen. Ihr Geschäft auf der Frankfurter Zeil war im Krieg zerstört worden. Auch Familie Neubauer kehrte nach Frankfurt zurück. Sie bauten am Sachsenhäuser Berg ein neues Haus und betrieben hier wieder eine Bäckerei. Die Verbindung riss nach einigen Jahren ab. Mit dem Sohn, Kurt Neubauer, trafen wir uns, als wir mit Bildrecherchen für dieses Buch begannen. Die Wiedersehensfreude nach mehr als 60 Jahren war bei beiden groß.

Kurt Neubauer und Lilo, Sommer 2008

Zum ersten Mal hielt Lilo ein Kindergartenbild von sich in Händen. Einige Jahre bestand auch noch die Verbindung zu Frau Fischer, Frau Salomon und zur Familie Rentschler. Herrn und Frau Degenhardt zog es direkt nach Kriegsende zu ihren Kindern nach Amerika. Seppel ist im Krieg gefallen.

Der Vater arbeitete bis zur Rente bei der Firma Nagel. Auch nach dem Krieg war er der ruhende Pol in der Familie. Trotz aller Entbehrungen waren die Eltern bis ins hohe Alter zufrieden. Der Vater starb 1970 im Alter von 77 Jahren. Im gleichen Jahr besuchte der Halbbruder der Mutter, Hugo, auf Einladung der Stadt Frankfurt Deutschland. Er war schon 1934 nach Sao Paulo, Brasilien, ausgewandert. Die Wiedersehensfreude der Mutter war sehr groß. Nach dem Tod ihres Mannes war die Wohnung in Sachsenhausen der Mutter zu groß geworden. Kurze Zeit später zog sie in Lilos Nähe nach Niederrad, in eine gemütliche, seniorengerechte Zweizimmerwohnung. 1980 verstarb sie im Alter von 82 Jahren. Die Eltern haben nie mehr über die

Kriegszeit und die schrecklichen Ereignisse gesprochen. Auch über ihre Deportation und die Zeit in Theresienstadt schwieg die Mutter.

Helmut fiel das Leben nach der Entlassung aus Theresienstadt sehr schwer. Mit 14 Jahren wollte er nicht mit Drittklässlern in die Schule gehen. Auch gab es für ihn keine Möglichkeit, durch Einzelunterricht einen Schulabschluss zu erreichen. Privatunterricht konnten sich die Eltern nicht leisten. Die Mutter wandte sich an das Büro des damaligen Frankfurter Oberbürgermeisters Kolb. Ihre Bitte, sich wenigstens dafür einzusetzen, dass er auch ohne Schulabschluss eine Ausbildung bekommen würde, hatte Erfolg.

Kurze Zeit später bekam Helmut eine Lehrstelle als Autoschlosser bei der Firma Auto-Union. Durch seine Erlebnisse war er sehr empfindlich und ruhelos geworden, Anweisungen zu befolgen war ihm unmöglich. Nach Abschluss seiner Ausbildung kündigte er. Auch danach hielt er es nie lange bei einer Firma aus. Nach jahrelangem Wechsel des Arbeitsplatzes fand er dann endlich eine passende Anstellung bei der Stadt Frankfurt. Er fuhr bis zu seinem Eintritt in die Rente den Bücherbus, der überall dort hinfuhr, wo es keine Stadtteilbücherei gab. Seine größten Leidenschaften waren der Fußball, die Frankfurter Eintracht, der Jazz und das Lesen. So oft es

Liselotte und Helmut, 1948

Im Katholischen Kindergarten St. Gallus, 1955
Lilo rechts oben, ihre Freundin Maria links oben

ihm möglich war, besuchte er Jazzkonzerte im Franz-Althoff-Bau im Frankfurter Zoo. In mehr als fünfzig Konzerten sah er Jazzlegenden wie Louis Armstrong, Duke Ellington oder Lionel Hampton, um nur einige zu nennen. Diese Zeit entschädigte ihn teilweise für seine schwere Kindheit. Trotz der jahrelangen Unterbringung in Heimen, der Erniedrigungen und der Erlebnisse in Theresienstadt hat er sein Leben gemeistert. Über die Ereignisse zu reden, fällt ihm bis heute mehr als schwer, und nur im Zusammenhang mit diesem Buch war er bereit, einzelne Fragen zu beantworten. Der Eintracht, der Musik und dem Lesen ist er treu geblieben.

Die kleine Gerdi wuchs als Nesthäkchen behütet auf. Die Eltern und die beiden großen Geschwister verwöhnten sie und versuchten, ihr eine unbeschwerte Kindheit zu ermöglichen. Da das Thema Krieg und alle Ereignisse dieser Zeit immer totgeschwiegen wurden, erfuhr sie erst als Erwachsene durch Lilos ersten Zeitzeugenbericht von den tragischen Erlebnissen ihrer Familie. Das war im Mai 2005.

Liselotte fand nach ihrer Ausbildung eine Stelle im städtischen Kindergarten Frankfurt-Eschersheim. Zwei Jahre später wechselte sie in den Katholischen Kindergarten St. Gallus.

Aus dieser Zeit hat sie bis heute neben Ursel noch zwei weitere Freundinnen, Maria und Lucha. 1952 lernte sie durch ihren Bruder Helmut, der immer junge Burschen mit nach Hause brachte, Hans Günzler kennen. Sie verstanden sich von Anfang an sehr gut. Vom ersten Tag an nannte er sie Lilo. Er war in der Frankfurter Altstadt aufgewachsen, wo der Vater als Schreinermeister eine eigene Werkstatt hatte. Er kam sozusagen aus besseren Verhältnissen. Ihre Angst, seine Familie könnte sie nicht aufnehmen, war völlig unbegründet. Sie fragten nie, was sie im Krieg erlebt hatte, und Lilo erzählte weder ihrem Hans noch seiner Familie etwas von ihren Erlebnissen. Auch Helmut und ihre Eltern sprachen nie mehr über diese Zeit. Keiner in der Familie brach dieses ungeschriebene Gesetz des Schweigens.

Hochzeit, 1957

1955 verlobten sich Lilo und Hans. Zwei Jahre später heirateten beide. So wurde am 25. Mai 1957 aus Liselotte Wessinger Lilo Günzler. Die Hochzeitstorten kamen von Familie Neubauer. Erst als Lilo für ihr erstes Zeitzeugengespräch 2005 recherchierte, erfuhr sie, dass Frau Neubauer ihre

Lilos Vater mit ihrem Sohn Christof, 1961

Patin war. Das junge Paar bezog das Zimmer in der Wohnung von Lilos Eltern, das bis dahin untervermietet war. Für die Einrichtung hatten beide lange gespart. Ein Jahr später fanden sie durch eine Zeitungsannonce eine kleine Wohnung im Stadtteil Niederrad. Hier wurden 1960 ihr Sohn Christof und 1963 die Tochter Dagmar geboren. Zu diesem Zeitpunkt entschied sie sich, niemals etwas von ihrer Vergangenheit zu erzählen, weder ihrem Mann noch ihren Kindern. Diese Erlebnisse sollten ihr Glück und die Zufriedenheit ihrer Familie nicht stören.

1965 zog die Familie nach Schwanheim in eine Neubauwohnung der Deutschen Post, dem Arbeitgeber von Hans. Zentralheizung, warmes Wasser in der Küche und im Bad, große Grünflächen und Spielplätze ums Haus: Ein Traum war in Erfüllung gegangen. Hier, weit weg von Sachsenhausen, kannte sie niemand. Zum ersten Mal fühlte sich Lilo sicher. Hier hatte sie keine Angst mehr, jemand könnte sie nach ihrem Leben als Liselotte Wessinger fragen. Ihre beiden Kinder wuchsen sorglos und wohlbehütet auf. Bei einem sonntäglichen Spaziergang am Main fand Hans einen durchlochten Stein. Er vermutete, dass es sich um einen alten, von Menschenhand bearbeiteten Stein handelte. Einige Monate später zeigte er seinen Fund dem Schwanheimer Hobbyarchäologen Norbert Müller bei einer kleinen Ausstellung. Dieser hatte sich mit einigen Gleichgesinnten zusammengetan und wollte in Schwanheim einen Heimatverein gründen und ein Museum eröffnen. Er überredete Hans, zum nächsten Treffen der Gruppe zu kommen. Lilo war zuerst nicht begeistert, bemerkte aber die Freude, die ihr Mann bei der Beschäftigung mit der Heimatgeschichte empfand. Die Lösung lag auf der Hand, auch Lilo trat in den neu zu gründenden Verein ein. Fortan engagierten sie sich gemeinsam für die Errichtung des Heimatmuseums Schwanheim und gehörten 1977 zu den Gründungsmitgliedern des Heimat- und Geschichtsverein Schwanheim e.V. Beide waren von Anfang an im Vorstand. Als nach sechs Jahren die 1. Vorsitzende aus Altersgründen zurücktrat, übernahm Lilo Günzler dieses Amt.

1970 suchte die Stadt Frankfurt Erzieherinnen für die Fächer Handarbeiten und Sport an Grundschulen. Hans überredete seine Frau, diese Gelegenheit zu nutzen und wieder ins Berufsleben zurückzukehren. Elf Jahre war sie zu Hause geblieben und hatte die beiden Kinder großgezogen. Dieser Verlockung konnte sie nicht widerstehen. Mit einer Arbeitszeit von zehn Stunden in der Woche brachte sie Familie und Beruf gut unter einen Hut. Eine lange, schöne Zeit begann. Der Unterricht machte ihr viel Freude, im Verein fühlte sich die ganze Familie geborgen und es entwickelten sich Freundschaften. Nie wäre ihr der Gedanke gekommen, über ihre jüdische Familie zu sprechen. Nie hätte sie riskiert, damit dieses Glück aufs Spiel zu setzen.

In die Vorbereitungen zum 300-jährigen Bestehen der alten Schwanheimer Pfarrkirche war 1987 auch der Heimat- und Geschichtsverein eingebunden. Lilo und ihre beiden Kinder gehörten der katholischen Gemeinde an. Bei ihrer Hochzeit mit dem evangelischen Hans hatte sie darauf bestanden, die Kinder in ihrem Glauben

Lilo, Hans und die Kinder Dagmar und Christof

zu erziehen. So nahm sie an den Sitzungen teil. Sie erklärte sich bereit, zwei historische Theaterstücke, die eventuell gespielt werden sollten, zu lesen. Beide Stücke erschienen ihr ungeeignet und durch ihre Tochter ermutigt, schrieb sie kurzerhand ein eigenes Stück. Zum nächsten Treffen hatte sie den ersten Akt bereits fertig. Die Zustimmung im Vorbereitungsteam war groß. Das Theaterstück wurde ein riesengroßer Erfolg. Insgesamt zehn Aufführungen spielte die Truppe, immer vor ausverkauftem Haus. Das Publikum war begeistert. Was als einmalige Aktion geplant war, wurde zum festen Bestandteil in der Pfarrgemeinde. Der Theaterkreis St. Mauritius spielt seither jedes Jahr ein Stück, darunter bisher neun Theaterstücke aus Lilos Feder. Ab dem dritten Heimatstück bekam sie Unterstützung von Markus Kneisel.

Im Herbst 1990 erkrankte Hans an Krebs. Ein großer Schock für Lilo und die ganze Familie. Sie war verzweifelt, der Tumor konnte nicht lokalisiert werden. Täglich besuchte sie ihren Hans im Krankenhaus Höchst. Er lag auf der Station im 9. Stock. In der ganzen Zeit ihrer Ehe hatte sie bei allen Urlaubsreisen immer darauf geachtet, dass die Zimmer nicht zu weit oben lagen. Sie konnte sich nicht überwinden in einen Aufzug zu steigen. Niemand fragte sie, warum sie nicht fahren wollte, immer noch wurde geschwiegen. So lief sie elf Wochen lang neun Stockwerke hoch und nach der Besuchszeit wieder hinunter. In dieser Zeit wurde das von ihr geschriebene Theaterstück „En Dokter fer Schwanem" aufgeführt. Lilo spielte, wie in all ihren Stücken, selbst mit. Schon damals bewunderte ich sie dafür, mit wie viel Disziplin sie trotz der schweren Erkrankung ihres Mannes auf der Bühne stand. Heute verstehe ich es. Wer in seiner Kindheit so viel Entbehrungen und Leid erlebt hat, hat auch gelernt, mit dem Unabänderlichen umzugehen. Als Anfang Dezember keine Aussicht auf Heilung mehr bestand, kam Hans nach Hause. Bis zu seinem Tod im März 1991 haben beide viel über ihr gemeinsames Leben gesprochen. Über die 33 schönen Ehejahre, über ihre Kinder und darüber, wie für Lilo das Leben nach dem Tod von Hans weitergehen sollte. Nur über ihre Kindheitserlebnisse hat sie auch in dieser Situation geschwiegen. So tief ihre Zuneigung war, nie hat sie es geschafft, mit ihrem Mann über die schwerste Zeit ihres Lebens zu sprechen.

Noch im gleichen Jahr kandidierte sie für den Pfarrgemeinderat der katholischen Gemeinde. Sie wurde sofort gewählt. Auch dem damaligen Pfarrer Willi Hübinger vertraute sie ihr Geheimnis nicht an. Auf meine Frage warum, kam spontan die Antwort: Aus Angst!

Nach 23 Arbeitsjahren in der Schwanheimer Minna-Specht-Schule ging Lilo Günzler 1993 in Rente. Zuvor fuhr sie in die erste Kur ihres Lebens. Bei den Gruppengesprächen fiel dem Therapeuten ihre Schweigsamkeit auf. Auch die Tatsache, dass sie immer nur die Treppe benutzte und nie mit dem Aufzug fuhr, blieb ihm nicht verborgen. Nach langem Zögern war sie zu einem Gespräch unter vier Augen bereit. Unter Tränen erzählte sie von ihrer Kindheit. Auch vom Abschied der Mutter und des Bruders an der Rampe des Ostbahnhofes. Die Ursache, warum sie nicht in einen Aufzug steigen konnte, war gefunden. Mit viel Geduld und gutem Zureden der übrigen Therapieteilnehmer überwand Lilo ihre Angst und fuhr gemeinsam mit der Gruppe zum ersten Mal in ihrem Leben mit einem Aufzug. Als nach ihrer ersten „Alleinfahrt" die Tür wieder aufging, warteten alle mit einem Glas Sekt in der Hand auf sie. Vor lauter Freude liefen ihr die Tränen übers Gesicht, viele in der Gruppe haben mit ihr geweint. Den ganzen Tag fuhr sie wieder und wieder mit dem Aufzug. Die Gewissheit – ich habe es geschafft – erfüllte sie mit einem bis dahin nicht gekannten Glücksgefühl. Kurz darauf überredete sie ihre ehemalige Chefin aus der Minna-Specht-Schule, mit Kolleginnen eine Kindergruppe nach Mallorca zu begleiten. Die Hoechst AG hatte die 100 Schüler nach einem Störfall am 23. Februar 1993 in ihrem Griesheimer Werk zu dieser Reise eingeladen. Es war die erste Flugreise ihres Lebens. Der Bann war gebrochen.

Ein Jahr später wurde sie stolze Oma. Drei Jahre versorgte sie ihre Enkelin Britta als Tagesoma. 1998 kam die zweite Enkeltochter Pia zur Welt. Für beide ist sie bis heute mit Leidenschaft Großmutter.

Ihr lange gehegter Wunsch, einmal nach Israel, in das Land ihrer Vorfahren, zu reisen, erfüllte sich im Jahr 2000. Sie erlebte diese Reise als ein Geschenk, als die Erfüllung des Herzenswunsches aller Juden, die sich an jedem Pessachfest wünschen: „Nächstes Jahr in Jerusalem."

Lilo Günzlers Gedanken zu dieser Reise:

Ich hatte schon lange auf eine Gelegenheit gewartet, in das Land meiner Vorfahren zu reisen. Nun sollte sich mein geheimster Wunsch erfüllen. Ein wenig Angst hatte ich, als ich mich für die Reise anmeldete. Würde es so sein, wie ich es mir seit Jahren vorstellte? Ich begann mich intensiv vorzubereiten, informierte mich über das Land, die Menschen und den jüdischen Glauben. Je näher der Reisetermin kam, desto unruhiger wurde ich. Irgendjemandem musste ich erzählen, dass ich das Kind einer Jüdin bin. Der Einzige, der in Frage kam, war unser Pfarrer, Rolf Kaifer. Nach einem langen Gespräch war ich zuversichtlich, dass keiner der Mitreisenden mein Geheimnis erfahren würde. Als wir in Tel Aviv gelandet waren, hätte ich gerne den Boden berührt, traute mich aber nicht. Bei der Busfahrt vom Flugzeug zum Empfangsgebäude stand Rolf Kaifer hinter mir. Seine Worte „Lilo, du bist da!" gaben mir das Gefühl, wenn ich reden will, ist er für mich da.

Yad Vashem, Relief „Der letzte Weg" von Nathan Rapoport

Diese Reise hat meine Erwartungen bei Weitem übertroffen. Die Orte der biblischen Geschichte, das Land, die Menschen und vor allem Jerusalem faszinierten mich. Beim Gang zur Klagemauer dachte ich bei jedem Schritt an meine Mutter und ihren Vater, den ich nicht wirklich kennengelernt hatte. Ich ging diesen Weg auch für sie. Als ich meine Hände an die Mauer legte, war ich überwältigt. Ich steckte den mitgebrachten Brief in eine Spalte und betete. Nun hatte ich meine, mir selbst auferlegte, Mission erfüllt. „Und nächstes Jahr in Jerusalem!" Diesen Wunsch meiner Mutter hatte ich erfüllt.

Am meisten hatte ich Angst vor der Gedenkstätte Yad Vashem. Rolf Kaifer und Agnes hatte ich gebeten, dafür Sorge zu tragen, dass ich an der Gedenkstätte allein sein könnte. Ich ging wie in Trance.

Als ich am Eingang zum Museum das Relief „Der letzte Weg" sah, waren alle Erinnerungen an die Juden auf dem Börneplatz wieder lebendig. Ich konnte meine Tränen nicht zurückhalten. Ich wollte allein sein und entfernte mich von unserer Gruppe. Nach einer Weile spürte ich eine Hand auf meiner Schulter. Es war ein Mann unserer Gemeinde, der einfach, ohne ein Wort zu sagen, seine Hand beruhigend auf mich gelegt hatte. So hätte auch Hans gehandelt, wenn er mit mir hier gewesen wäre, kam es mir in den Sinn. Ich beruhigte mich wieder und ging mit den anderen in die beeindruckende Ausstellung.

An der Gedenkstätte für die 1,5 Millionen ermordeten jüdischen Kinder nahm ich noch einmal meine ganze Kraft zusammen. Ich hatte mir fest vorgenommen, für alle Kinder diesen Weg zu gehen, besonders für die Kinder aus dem Heim am Röderbergweg und aus der Hans-Thoma-Straße. Vor lauter Tränen konnte ich im Inneren nichts sehen, irgendjemand führte mich durch die dunkle Halle, in der ohne Unterbrechung alle Namen der ermordeten Kinder vorgelesen werden. In mir hörte ich nur einen Namen: Inge Herz! Ich betete für alle, die dieses Schicksal erleiden mussten, und dankte Gott dafür, dass er meine Familie verschont hatte.

Durch diese Erlebnisse hatte Lilos Wand des Schweigens Risse bekommen. Die Gemeinde Somborn wollte 2002 ein Gedenkbuch für ihre jüdischen Mitbürger herausbringen. Da Lilo schon 20 Jahre zuvor die Familiengeschichte ihrer jüdischen Ahnen erforscht hatte, willigte sie spontan ein, einen kurzen Beitrag über die Familie ihrer Mutter zu schreiben. Im November wurde bei einer kleinen Gedenkfeier in Somborn ein Gedenkstein für die ermordeten Juden der Gemeinde enthüllt, genau auf dem Grundstück, wo das Elternhaus der Mutter stand. Die Familien von Lilo, Helmut und Gerdi nahmen an der Feier teil. Auch bei diesem Anlass brachte keiner den Mut auf, weiter nachzufragen.

Als 2005 eine Gedenkfeier zum 60. Jahrestag des Kriegsendes in der katholischen Gemeinde vorbereitet wurde, fragte Markus Kneisel Lilo, ob sie daran teilnehmen würde. Mit ihm und seiner Frau hatte sie schon einige Male über ihre Kindheit gesprochen. Sie erbat sich Bedenkzeit. Endlich fasste sie den Mut und fragte ihre Tochter um Rat. Ihre Antwort: „Wenn du jetzt nicht redest, dann redest du nie mehr!“, machte ihr klar, der Zeitpunkt war gekommen. Ihr Mann lebte nicht mehr, ihre Kinder waren erwachsen und lebten außerhalb. Wenn sie jemanden in Gefahr bringen würde, dann nur sich selbst. Dieses Risiko wollte sie eingehen. Sie wollte ihre Angst überwinden.

Als sie am 8. Mai 2005 im Gemeindesaal in der ersten Reihe saß und sich auf ihr erstes Zeitzeugengespräch innerlich einstellen wollte, wurde es plötzlich laut im Saal. Sie drehte sich nicht um, als sie die Stimmen von jungen Männern der rechten Szene hörte, die laut „Alles Lüge!“ schreiend in den Saal gekommen waren. Deren Versuch, Flugblätter zu verteilen, wurde von beherzten Männern sofort vereitelt. Trotz oder vielleicht gerade wegen dieses Zwischenfalls nahm sie alle Kraft zusammen und sprach über ihre Erlebnisse im Dritten Reich. Die Menschen im Saal waren ergriffen, besonders

Gerdi, Lilo und Helmut, 2005

ihre Schwester Gerdi, die in Begleitung ihrer Tochter anwesend war. Sie weinte nur, zum ersten Mal nach 60 Jahren erfuhr sie, wie es ihrer Familie im Krieg ergangen war. Ihren eigenen Kindern hatte Lilo Günzler verboten zu kommen, es wäre zu schwer für sie gewesen. Ihr Bruder Helmut war nicht in der Lage, diesem Gespräch beizuwohnen, zu schrecklich waren seine Erinnerungen.

Seit dieser Zeit spricht Lilo Günzler nun hauptsächlich vor Schulklassen über die Erlebnisse ihrer Kindheit. Um dieser Aufgabe gerecht zu werden, hat sie 2007 nicht mehr für den Pfarrgemeinderat kandidiert. Betreut wird sie bei diesen Gesprächen von der Jugendbegegnungsstätte Anne Frank in Frankfurt und von Aktives Museum Spiegelgasse für Deutsch-Jüdische Geschichte in Wiesbaden. Besonders der Austausch mit Jugendlichen liegt ihr am Herzen. Ihnen durch ihre Geschichte darzulegen, wie wichtig es ist, den Glauben anderer Menschen zu akzeptieren, niemanden wegen seines Glaubens oder seiner Ansichten zu meiden oder zu verachten, sind ihre Hauptbeweggründe. Der immer wieder geäußerte Wunsch der jugendlichen Zuhörer, noch mehr von ihrem Leben zu erfahren, ermutigte sie, ihr Leben aufzuschreiben.

Während der Arbeit an diesem Buch bekam ich eine ganz außergewöhnliche E-Mail. Der Katzenfurter Verein für Heimatgeschichte in Ehringshausen hatte zu einer Gedenkfeier Nachfahren ehemaliger jüdischer Mitbürger eingeladen, deren Vorfahren in die USA ausgewandert waren. Einer der Gäste, Herbert Hirsch aus New York, hatte in einem Buch über die Somborner Juden von Lilo Günzler und ihrer Mutter Recha erfahren. Er wollte diese Gelegenheit nutzen, Lilo persönlich kennenzulernen. Beim Treffen in einem Frankfurter Hotel erfuhr Lilo dann, dass seine Frau Sharon die Tochter ihres Onkels Arthurs ist, der 1938 nach Amerika ausgewandert war. Die Freude war auf beiden Seiten groß. Der Kontakt zu den Verwandten war nach Jahrzehnten wiederhergestellt.

Onkel Arthur mit Tochter Sharon, etwa 1953

Familie im Römer anlässlich der Überreichung des Bundesverdienstkreuzes an Lilo.
1. Reihe von links Enkelin Pia, Lilo, Enkelin Britta, Tochter Dagmar
2. Reihe von links Sohn Christof, Schwiegertochter Hannelore, Helmut, Gerdi, Schwiegersohn Peter

Im April 2009 bekam Lilo Günzler für ihr jahrzehntelanges, ehrenamtliches Engagement im Frankfurter Römer das Bundesverdienstkreuz verliehen. Frau Oberbürgermeisterin Petra Roth überreichte es ihr persönlich. Alle Anwesenden waren sich einig, diese Ehrung hatte die kleine, zurückhaltende Dame verdient.

Danke

Als ich Anfang 2008 auf Lilos Frage, ob ich sie beim Schreiben ihrer Biografie unterstützen könnte, spontan ja sagte, war mir nicht klar, was auf mich zukommen würde. Heute weiß ich, es war eine gute Entscheidung. Ich habe in dieser Zeit viel über das Leben der Liselotte Wessinger erfahren. In Gedanken bin ich mit ihr durch die Straßen der Frankfurter Altstadt gelaufen, habe mit ihr den Blick vom Domturm genossen. Ich habe sie lachen und weinen gehört. Sie ließ mich an ihrer Kindheit teilnehmen. Ich konnte ihren Schmerz und ihren Kummer verstehen, auch wenn die Ängste, Erniedrigungen, Ächtungen und das Grauen während der Bombenangriffe für mich unvorstellbar geblieben sind.

Ich danke Lilo Günzler für das Vertrauen, das sie mir entgegengebracht hat. Für die vielen Gespräche, Erzählungen und Details aus ihrem Leben, die meine Sicht auf die Zeit des Dritten Reiches unglaublich erweitert haben. Für die bildhaften Schilderungen der Frankfurter Altstadt und der damaligen Lebensumstände. Ich habe ihren Berichten und Erzählungen begeistert und voller Achtung zugehört. Ihre Angst, die sie bis heute begleitet, kann ich nachempfinden. Ich versuche zu verstehen, dass sie ihre Geschichte so lange verschwiegen hat, auch wenn ich es nicht begreifen kann. Ich wünsche ihr, dass alle, die dieses Buch lesen werden, verstehen, dass Freiheit im Glauben und Denken zu den wichtigsten Gütern der Menschheit gehören.

Agnes Rummeleit,
Oktober 2009

Quellen und Literaturnachweis:

Dokumente zur Geschichte der Frankfurter Juden 1933 – 1945
Herausgegeben von der Kommission zur Erforschung der
Geschichte der Frankfurter Juden, Frankfurt a. M. 1963

Schmid, Armin, Frankfurt im Feuersturm, Frankfurt a. M. 1965

Kingreen, Monica, Nach der Kristallnacht
Jüdisches Leben und antijüdische Politik in Frankfurt am Main 1938 – 1945,
Frankfurt a. M., New York 1999

Walk, Josef, Das Sonderrecht der Juden im NS-Staat
2. Auflage, Heidelberg 1996

www.dhm.de/lemo
www.frankfurt1933-1945.de
Stand September 2009

Bildnachweis:

Deutsches Historisches Museum, Berlin – S. 12
Historisches Museum Frankfurt am Main, Foto: Landesbildstelle Hessen – S. 58
Getty Images, Hulton Archiv, James Abbe – S. 103
Jüdisches Museum Frankfurt am Main – S. 167
Institut für Stadtgeschichte Frankfurt am Main – S. 25 (Reeck), 26, 35, 41, 60, 67, 76, 86, 89, 110, 133, 136 (Max Göllner), 137, 138, 141 (Willi Rodolph), 157, 170 (Ausschnitt)
Liebfrauenschule, Frankfurt am Main – S. 43, 87, 94
Stadtvermessungsamt Frankfurt – S. 227

Foto Wachendörfer, Frankfurt am Main – S. 224, Autorenfoto
Lilo Günzler, Frankfurt am Main – S. 15, 44, 80, 81, 92, 171, 173, 175, 196, 198, 202, 205, 210, 211, 212, 213, 214, 216, 222
Sharon Hirsch, New York – S. 223
Kurt Neubauer, Frankfurt am Main – S. 22, 48, 79
Familie Weidenweber, Frankfurt am Main – S. 42

Nicht in allen Fällen war es möglich, die Rechteinhaber der Abbildungen ausfindig zu machen. Berechtigte Ansprüche werden selbstverständlich im Rahmen der üblichen Vereinbarungen abgegolten.

Ganz besonders danken wir:
Henrich Druck + Medien GmbH, Frankfurt am Main
Fanz + Neumayer, Designgruppe, Schifferstadt
Projekt „StadtteilHistoriker" der Stiftung Polytechnische Gesellschaft Frankfurt am Main und allen, die uns durch kostenlose Überlassung der Fotos, Korrekturlesen oder guten Zuspruch unterstützt haben.

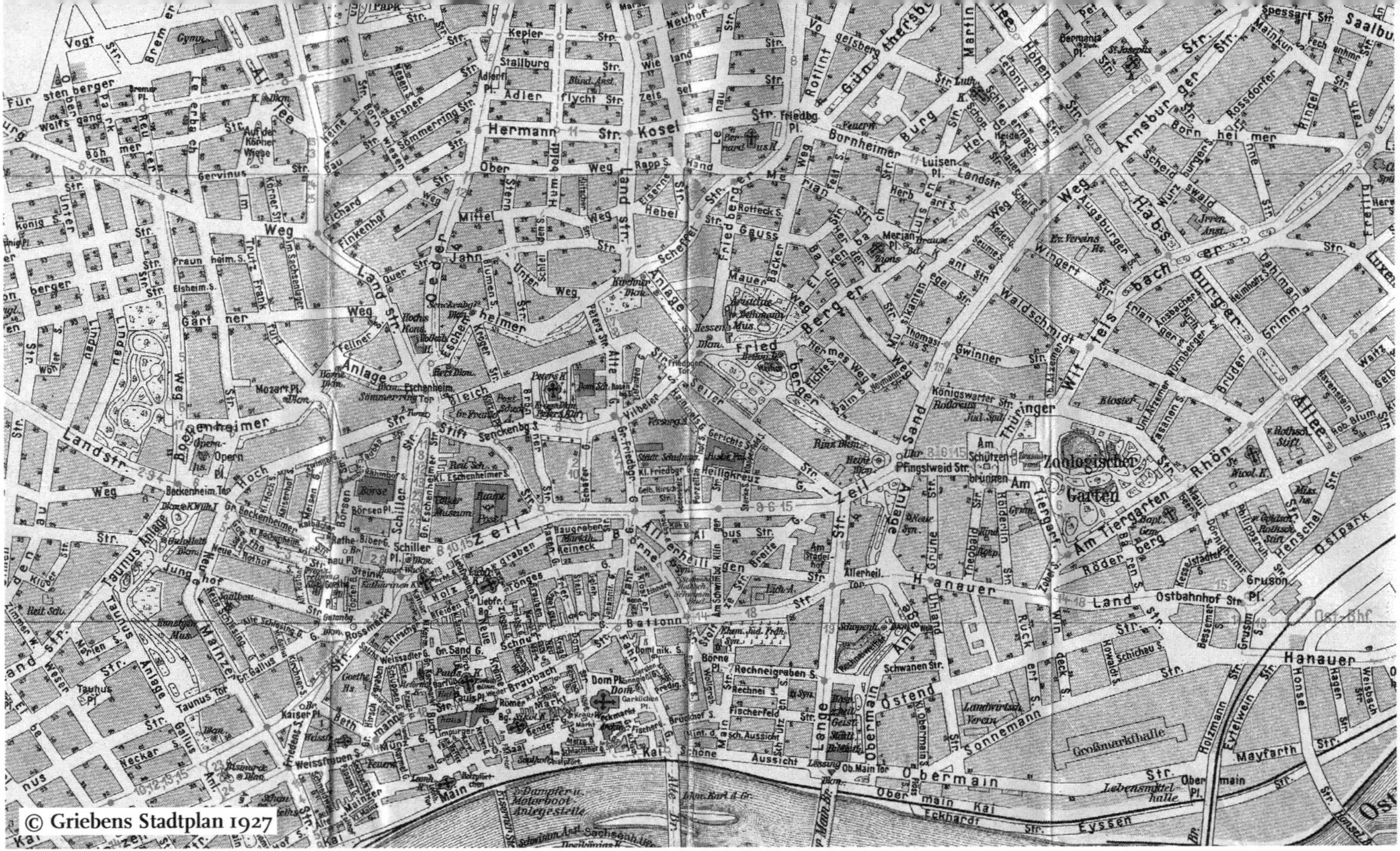

© Griebens Stadtplan 1927